六神通の思想と構造

六世間処成就六神通曼陀羅図説

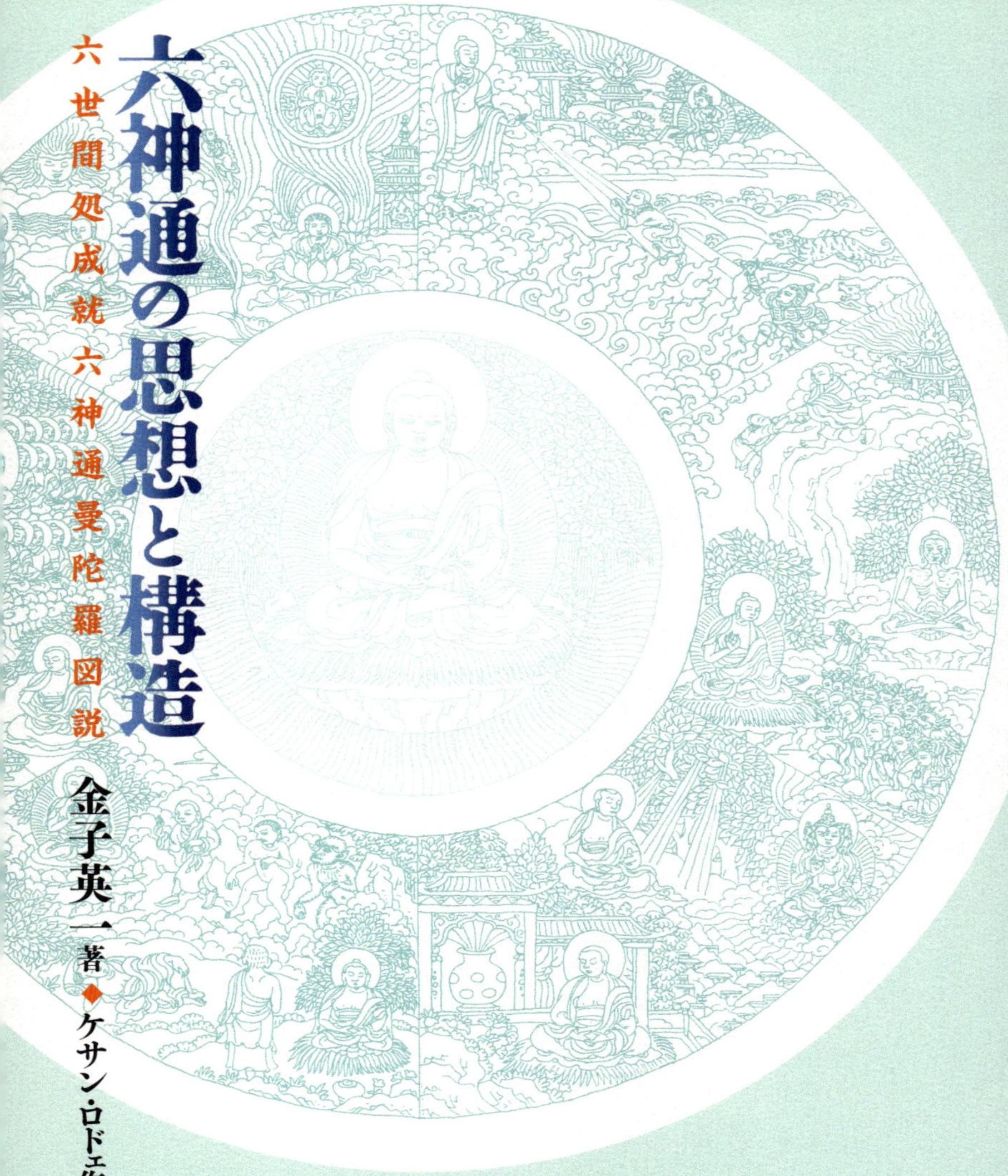

金子英一 著◆ケサン・ロドェ作画

KADOKAWA

六神通の思想と構造

六世間処成就六神通曼陀羅図説

目次

まえがき 5

六世間処成就《ろくせけんしょじょうじゅ》　六神通曼陀羅図《ろくじんづうまんだらず》 12

一　釈尊《しゃくそん》の正覚《しょうがく》と天眼通《てんげんつう》 17

二　浄土教《じょうどきょう》と六神通《ろくじんづう》 25

三　六智《ろくち》のあり方と修習《しゅじゅう》方法 39

上下想 41

光明想 42

前後想 48

四　なぜ六世間処《ろくせけんしょ》で前後想等から六智が起せるのか 59

六世間処 61

四縁 66

二十二増上（根） 67

十五依処 77

十因 83

五果 87

五　六神通《ろくじんづう》と意生身《いしょうしん》　101

神境通　104
意生身　116
天耳通　120
宿命通　126
他心通　131
漏尽通　137

六　生死《しょうじ》の相続　139

七　修習の成果と願の成就　147

参考文献
佛説浄土三部経　要略　152
南伝大蔵経　神足相応　抄録　166

あとがき　佛師ケサン・ロドェ師とマンダラ図製作状況　181

大佛師ケサン師の仕事と西方寺　187

挿画　ケサン・ロドエ

まえがき

活命《かつみょう》（生活等）と事業《じごう》（仕事等）などの世間世俗の人々の実用的に役に立つ佛教の教えと修習《しゅじゅう》は何であろうか。そして悟りは人の生死・魂《たましい》を救うということの上で、再度この疑問の答えを捜《さぐ》ることにしました。

既にその答えは釈尊《しゃくそん》と弟子の布教の時代から、釈尊正覚《しょうがく》の顕れで、人々に実際に役立つ天眼《てんげん》が有効に利益《りやく》されていました。釈尊についての研究は進んで、釈尊の求道《ぐどう》と何を悟ったかとその真理をどのように説いたかの内容が文献に基づいて解明されてきました。

その研究の中で、南伝大蔵経《なんでんだいぞうきょう》『相応部神足相応《そうおうぶじんそくそうおう》』の『鹿母殿震動品《ろくもでんしんどうぼん》』にある、釈尊が菩薩であった時代に前後想《ぜんごそう》・上下想《じょうげそう》・昼夜想《ちゅうやそう》で光耀心《こうようしん》を修習することによって得られた六神通《ろくじんづう》について知られてきました。

しかし釈尊は世界で誰も体験のない正覚をこの三想《さんそう》等で体得《たいとく》したとされるけれども、現代の佛教徒の我々は、既にその体験があったことを既定のこととして、それを確実に信じ実感しているから、同じ三想でも我々にとっては釈尊と異なる立ち位置にいることになります。

さらに、『鉄丸品《てつがんぼん》』の中の、楽想《らくそう》・軽想《けいそう》による六神通と意生身《いしょうしん》についても検討されて解明されつつあります。釈尊が正覚・悟りを得たとされるこの三想《さんそう》から、初期の三明《さんみょう》（宿命通《しゅくみょうつう》・天眼通《てんげんつう》・漏尽通《ろうじんつう》）の中の天眼通が結果として現れたようです。

三明は後に整理されて、天眼通《てんげんつう》・宿命通《しゅくみょうつう》・神境通《じんきょうつう》・天耳通《てんにつう》・他心通《たしんつう》・漏尽通《ろうじんつう》とまとめられましたが、漏尽通を除いて、一般の人や仙人修行者でも達

成出来て実行出来るとされています。六神通の内容は後に詳述しますが、各種の変化と教義のあり方で超越化し、その定義は超能力とされてきました。

しかし、それは誰でも到達出来るとされていますように、世俗庶民の実生活の中で、初期佛教から時代に合わせて有用に行われてきました。


現代社会はグローバル化して経済や科学等の発達で競争社会となり、各文明と各国文化、民族や価値観が情報化されて、選択と競争が激しくなり、人の心に無意識の不安が起こっても気づかない様子をしています。

このような現況にあって、凡人が佛教によってどのように実生活を豊かに出来るでしょうか。現在社会の生活の中で、希望や願い・夢・苦悩・欲望・能力など人生をどのように生きて行くか、生き方を含め、生死の覚悟・決断力・納得などが求められています。

果たして仕事や生活の現状打破、斬新なアイデア、個人の能力の向上などを、佛教によってどのような方法で達成出来るものでしょうか。それには、人の深層心理や民族の深層の琴線に触れて、命の根源から未来に向けて智慧を出して人の可能性の限界を超越する生命力と実用力を出すことが必要になります。

具体的には、釈尊の単純で美しい三想などによって、社会と夫婦・家族・系嗣《けいし》と活命・事業などの生活の向上と世間的具体的な個人の能力向上が可能となります。

では、どうすればそれらを可能とする神通力に趣入《しゅにゅう》することが出来るのでしょうか。その方法について、原因となる心の動きや修行の理由を本文で説明いたします。

そして凡夫《ぼんぷ》の救いを基本とする後の大乗佛教の浄土教の観経曼陀羅《かんぎょうまんだら》図等の修習を利益して、観想と念による大乗の信《しん》の立ち位置から生まれる悟り、即ち極楽往生へ向けて、その立ち位置を学び、修習方法についても比較・合糅《ごうじゅう》します。

前述の『神足相応』の文章から四禅《しぜん》と四神足三昧《しじんそくざんまい》の部分を削除すると、前後想等による修習から、「六神通」が現れてくるということになります。これは、ゴータマ・ブッダの悟りについて、現在の学界で古いとされている天眼通に到る過程に適合するので、釈尊が為された修行とその悟りから敷衍《ふえん》する神通力の発現と考えられます。

即ち前述した浄土教には、阿弥陀佛として成佛されたという話の根底に、釈尊の悟りを信じ、教えを信ずるという確信があります。その確信は、正覚と同じく釈尊の修行方法も事実として信頼することでもあります。

天眼通も光明想《こうみょうそう》として、後に成立したであろう光明遍《こうみょうへん》等に示されていることから、木漏れ日や昼夜想などに釈尊修行の残影《ざんえい》があると推測されます。

止《し》（上下想）と観《かん》（前後想）を倶《そな》えているのが光明想であると述べられてい

ます。漏尽通を除いて神通力の五通《ごつう》は、世俗在家の修行者も修得出来ると経典や『智度論《ちどろん》』などの論書《ろんしょ》に述べられています。また六神通の中の神境通は肉体と心の変化・アバターラとニルマーナによる神変《じんぺん》を述べていますが、これは現実においてイメージや仮想空間を利益して修行を深めるためであり、現在でも教えと世俗の生活の中で関心の最も深い霊魂や意生身《いしょうしん》を解くために大切な修法の果を得ることでもあります。

これらも含めて六世間処《ろくせけんしょ》の中で願いを成就するにはどのようにすれば良いのか、これから述べることにします。

The Six Worlds of Achievement

The Mandala of the Six Divine Powers

Tibetan version チベット語版

Produced 2020-2024

Original planning by Eiichi Kaneko

Artist: Kesang Lodoe

六世間処成就
「六神通曼陀羅図」
日本語版
制作 2020 ～ 2024 年
原案 金子英一
仏師 ケサン・ロドェ

十因五果
往相
極楽蓮台
正覚
意生身
白道
還相
天耳通
誓願
天眼通
通
前後想
上下想
光明想

六現実處四縁二十二増上十五依處十因五果
往相
極
前後想
他心通
楽軽想
神境通
光明想
宿命通
通

「誓願」

一　釈尊《しゃくそん》の正覚《しょうがく》と天眼通《てんげんつう》

釈尊（ゴータマ・ブッダ）はブッタガヤの菩提樹《ぼだいじゅ》の下で座禅をして正覚を得たと伝えられています。その悟りが佛教者の目的です。

そして明治以後の近代的実証佛教文献学では研究が進められ、もっとも釈尊の法話に近いとされる古いお経は『経集《きょうしゅう》』の「八つの詩句の章」と「彼岸に至る道の章」と『法句経《ほっくきょう》』などとされています。しかしそこには釈尊がどのような方法で修行したかについては詳しく述べられていません。それらの古い偈《げ》では悟った結果から語られた法話を後に詩句にしているからです。

釈尊は出家して正覚を得る前に各仙人を訪ねて、ある種の禅定《ぜんじょう》を修したでありましょう。そこで最初期の原始佛教の研究では無所有《むしょう》や非想非非想《ひそうひひそう》の境地の実現の為に禅定したとされていますが、その禅定方法については詳しくは伝えられていません。その後の佛教においては、アーラーラヤやウッダカ仙人等に帰せられるようになったようです。

そして、ゴータマ・シッダルタは六年間苦行をしたとされ、その修行は精神統一・断食・止息禅の観想などともされています。

最終的に正覚を得た菩提樹の下での三昧《さんまい》の修行は、何をどのようにしたのでしょうか。伝統の説では四禅《しぜん》を修し、三明《さんみょう》・十二縁起を悟ったともされています。

佛教は、紀元前二八〇年頃の毘舎離《びしゃり》における第二結集《けつじゅう》以後に上座部《じょうざぶ》と大衆部《だいしゅぶ》に分かれたようです。その頃から四部四阿含《しぶしあごん》の経典の原形が次第に形成されて、法句経などの一部原形が成立してきました。

四禅についてはその後、次第に成立され行われていたかもしれません。

それ以前に前後想《ぜんごそう》・上下想《じょうげそう》・昼夜想《ちゅうやそう》・楽想《らくそう》・軽想《けいそう》その他多くの修行法が僧達によって工夫・改変・発展が行われていたようです。その修行方法は各種あったので次第に各部派の教理の発達と共に整理・折衷・統合・合併して経典の中に編集されてきました。

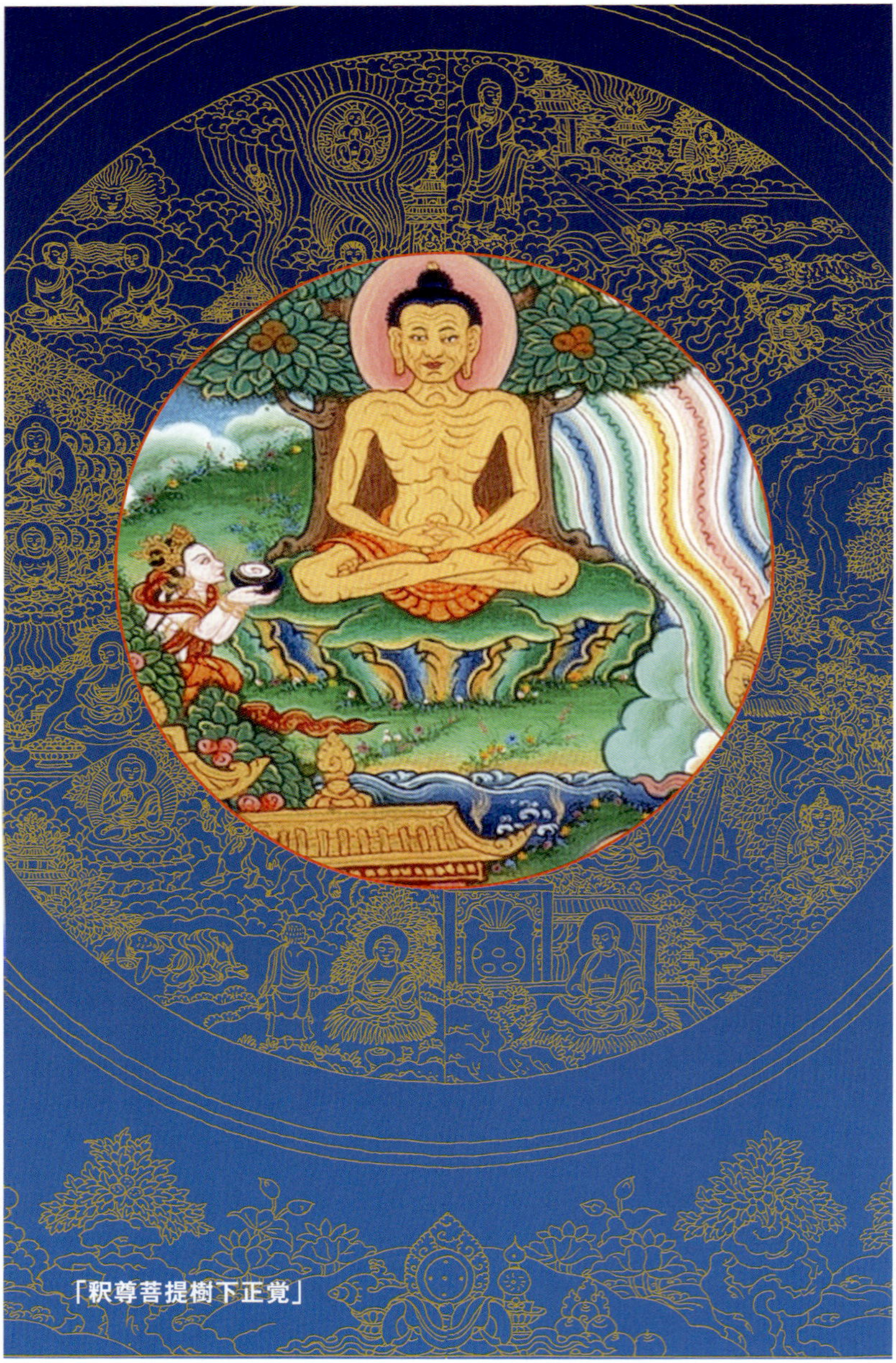
「釈尊菩提樹下正覚」

それ故に前後想・上下想・光明想《こうみょうそう》と楽想・軽想と欲《よく》・勤《ごん》・心《しん》・観《かん》の「四神足《しじんそく》」の三摩地《さんまじ》と、初禅・第二禅・第三禅・第四禅の四禅など、成立時期の異なる様々な修行方法が『神足相応《じんそくそうおう》』などの経典の中に参糅《さんじゅう》・編集されてきました。

そこでこの相応部の経典の教説の中から、後代に成立したと考えられる「四禅」と「神足三摩地」の部分を取り除くと、非常に単純で原始的であり、何もない菩提樹下で修行することも可能な前後想・光明想・上下想等の簡単な修行方法の文章が残ります。釈尊はこの前後想・上下想・光明想等の修行で最初の天眼通《てんげんつう》を悟ったとも考えられます。

そして初めに悟ったとされる十二縁起は最初期には簡単な縁起説でした。

先述の『神足相応』にある「四神足」（欲・勤・心・観）の修習《しゅじゅう》の中に

「六神通《ろくじんづう》」を修習することが述べられています。そして『瑜伽論《ゆがろん》』では瑜伽を二種に分けています。

一　想修《そうしゅう》（前後想・上下想・光明想・軽想・楽想）

二　三十七菩提分修《さんじゅうななぼだいぶんしゅう》（四念住《しねんじゅう》・四正断《ししょうだん》・四神足《しじんそく》・五根《ごこん》・五力《ごりき》・七覚支《しちかくし》・八聖道《はっしょうどう》）

この菩提分修の中の一つに「四神足」の修行法が入っています。佛の威力《いりき》（神力《じんりき》）は人知を超えた超能力で、神通《じんつう》・神通力《じんつうりき》とされ、また神変《じんぺん》といわれるものも同様に修行による定《じょう》の自在《じざい》の結果として獲得された超能力です。

「神足」は欲・勤・心・観の三摩地の修行の力で超能力を引き起す方法として教義的・修行的に別に整理された説です。神足は神力を得る為に作られた修行道なのです。

これらによって『神足相応』の中の四神足を除くことと、「神力」と「神足」とを区別して整理することで、単純な型で、前後想・上下想・光明想等によって得られた悟りの働きとしての神力《じんりき》、世俗智《せぞくち》の働きという修行の結果を得ることが出来ます。

そしてこの修習は世俗智成就であるが故に、世間の仕合せ・幸福が得られることになります。

このように『神足相応』のテキスト（経）から四神足を取り除く理由は、『神足相応』は他方で「六神通」を対象として、欲・勤・心・観の三昧を発得《ほっとく》することを目的としているので、前後想等で「正覚」を目的としていることと異なるからです。

したがって四神足の修習の部分を除くと、単純な修行方法としての前後想・光明想・上下想等が現れてきます。

この前後想・楽想・軽想・光明想などが後に上座部等の中でどのように扱われたかを見ると、『清浄道論《しょうじょうどうろん》』『解脱道論《げだつどうろん》』『舎利弗阿毘曇論《しゃりほつあびどんろん》』などは修行方法について四禅をもとにしているとはいえ、その中で光明想・光明遍、また楽想・軽想などにも触れています。

いずれにしても前後想・光明想等は『神足相応』の文章構成や後の文献の中に散見することから、釈尊在世あるいは釈尊滅後に近い最も古い時代から修された修習方法とも推定されます。

このように現代までの佛教の多種多様で複雑な修行方法から見ると、この前後想・光明想等は単純でシンプルな故に、逆に多岐に渡る発展性を含む釈尊の修行とすれば、ここに新しく未来の修行法も含有されていると考えられます。

二　浄土教《じょうどきょう》と六神通《ろくじんづう》

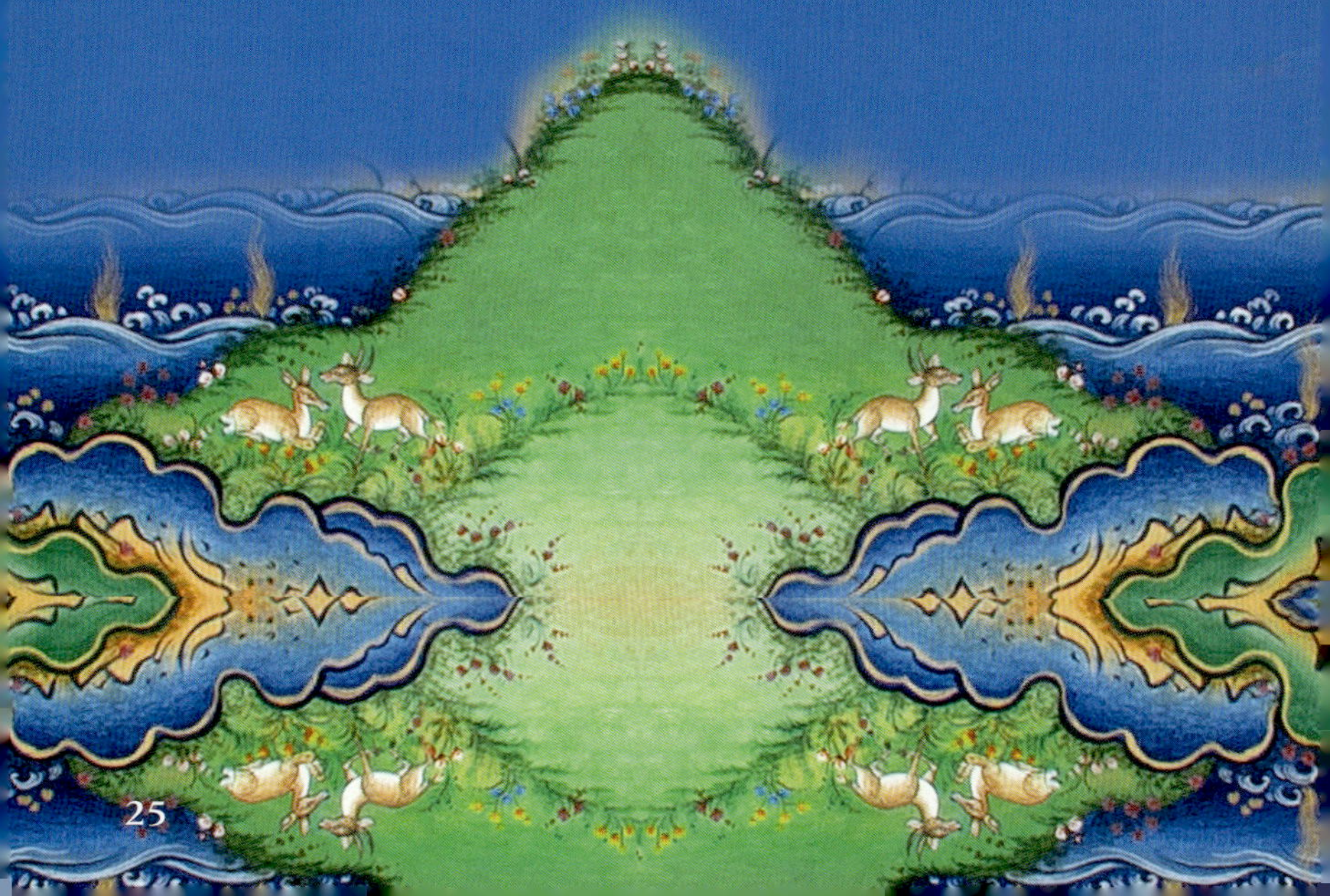

一方で、現在の浄土宗の日常勤行《にちじょうごんぎょう》の読誦の中で善導大師《ぜんどうだいし》の発願文《ほつがんもん》があります。

「願わくは弟子等、命終《みょうじゅう》の時に臨んで心顛倒せず、心錯乱《しゃくらん》せず、心失念せず、身心に諸《もろもろ》の苦痛なく、身心快楽《けらく》にして禅定に入《い》るが如く、聖衆《しょうじゅ》現前したまい、仏の本願に乗じて阿弥陀仏国に上品往生《じょうぼんおうじょう》せしめたまえ。彼《か》の国に到りおわって六神通を得て、十方界《じっぽうかい》に帰りて苦の衆生を救摂《くしょう》せん。虚空法界《こくうほっかい》も尽きんや、我が願も亦かくの如くならんと発願しおわんぬ。至心に阿弥陀佛に帰命《きみょう》したてまつる」

端的に往相《おうそう》（極楽へ往生すること）と還相《げんそう》（極楽で成佛してこの現世に戻ること）を述べている中で「彼の国に到り終って六神通を得て十方界に還って苦の衆生を救済せん」とあります。この文の内容はもちろん法然上人の『選択集《せんちゃくしゅう》』や親鸞聖人の『教行信証《きょうぎょうしんしょう》』などでも同様のことが述べられています。

この発願文だけでなく『無量寿経』四十八願《しじゅうはちがん》の第五願から第十願には

「五、もし我《わ》れ佛《ほとけ》を得《え》たらんに、国中《こくちゅう》の人天《にんでん》、宿命《しゅくみょう》を識《し》らず、下《しも》、百千億那《ひゃくせんのくな》由他諸劫《ゆたしょこう》の事《じ》を知《し》らざるに至《いた》らば、正覚《しょうがく》を取《と》らじ。

六、もし我《わ》れ佛《ほとけ》を得《え》たらんに、国中《こくちゅう》の人天《にんでん》、天眼《てんげん》を得《え》ず、下《しも》、百千億那《ひゃくせんのくな》由他諸佛《ゆたしょぶつ》の国《くに》を見《み》ざるに至《いた》らば、正覚《しょうがく》を取《と》らじ。

七、もし我《わ》れ佛《ほとけ》を得《え》たらんに、国中《こくちゅう》の人天《にんでん》、天眼《てんげん》を得《え》ず、下《しも》、百千億那由他《ひゃくせんのくなゆた》の諸佛《しょぶつ》の所説《しょせつ》を聞《き》きて、悉《ことごと》く受持《じゅじ》せざるに至《いた》らば、正覚《しょうがく》を取《と》らじ。

八、もし我《わ》れ佛《ほとけ》を得《え》たらんに、国中《こくちゅう》の人天《にんでん》、見他心智《けんたしんち》を得《え》ず、下《しも》、百千億那《ひゃくせんのくな》由他諸佛国中《ゆたしょぶつこくちゅう》の衆生《しゅじょう》の心念《しんねん》を知《し》らざるに至《いた》らば、正覚《しょうがく》を取《と》らじ。

九、もし我《わ》れ佛《ほとけ》を得《え》たらんに、国中《こくちゅう》の人天《にんでん》、神足《じんそく》を得《え》ず、一念《いちねん》の頃《あいだ》において下《しも》、百千億那由他《ひゃくせんのくなゆた》の諸佛《しょぶつ》の国《くに》を超過《ちょうか》すること能《あた》わざるに至《いた》らば、正覚《しょうがく》を取《と》らじ。

十、もし我《わ》れ佛《ほとけ》を得《え》たらんに、国中《こくちゅう》の人天《にんでん》、もし想念《そうねん》を起《おこ》し、身《しん》を貪計《とんげ》せば、正覚《しょうがく》を取《と》らじ。」

さらに次の第十八願

「もし我《わ》れ佛《ほとけ》を得《え》たらんに、十方《じっぽう》の衆生《しゅじょう》、至心《ししん》に信楽《しんぎょう》して、我《わ》が国《くに》に生《しょう》ぜんと欲《ほっ》して、乃至十念《ないしじゅうねん》せんに、もし生《しょう》ぜずんば、正覚《しょうがく》を取《と》らじ。」

とあります。ここでの十念は南無阿弥陀佛の口称《くしょう》の念佛をすることとされており、この他力の信心を得た罪悪深重《ざいあくじんじゅう》の凡夫《ぼんぷ》も正定聚《しょうじょうじゅ》として悟りである涅槃の浄土に往生するとされています。それが十一願です。

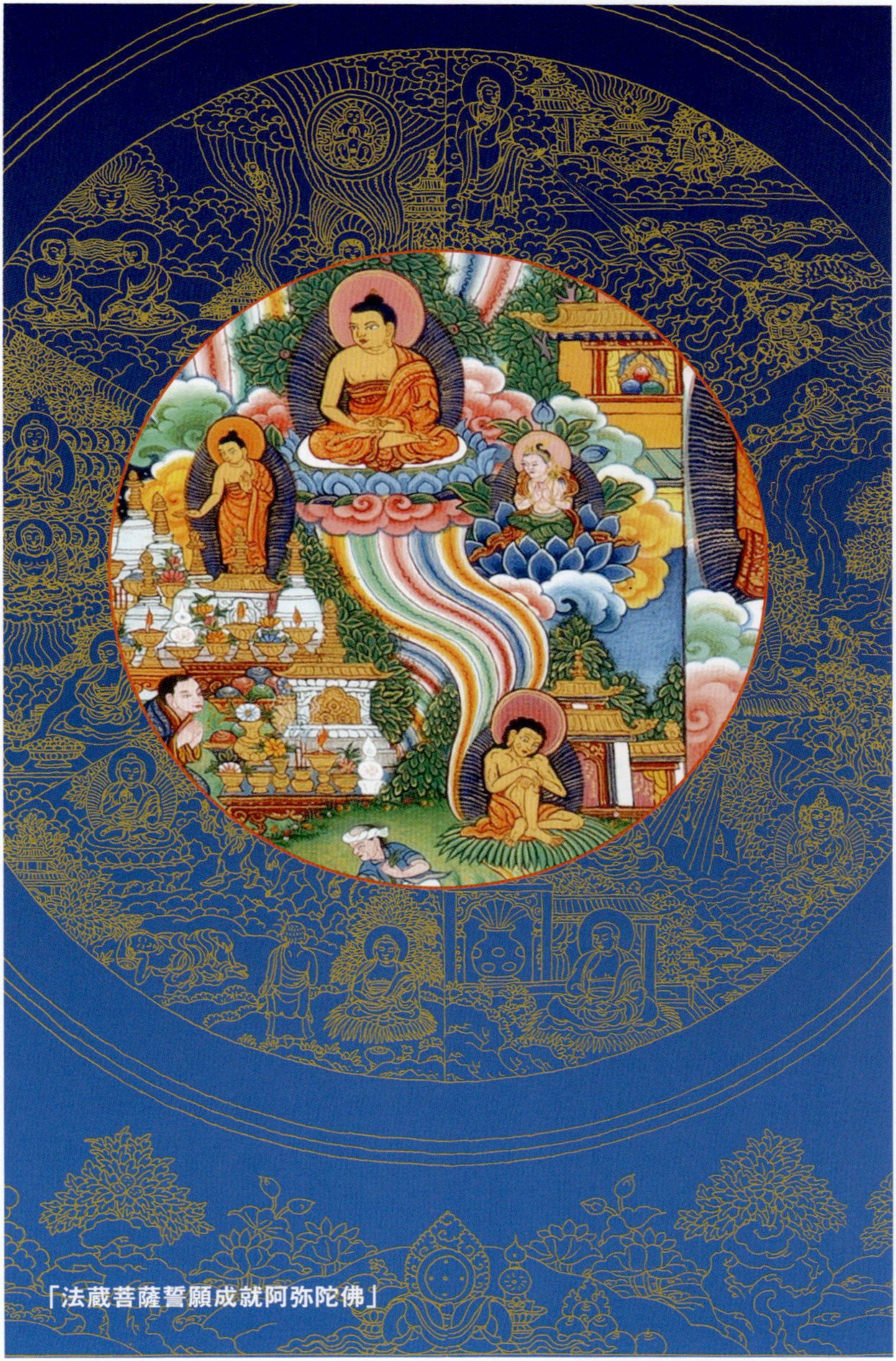
「法蔵菩薩誓願成就阿弥陀佛」

「もし我《わ》れ佛《ほとけ》を得《え》たらんに、国中《こくちゅう》の人天《にんでん》、定聚《じょうじゅ》に住《じゅう》し、必《かなら》ず滅度《めつど》に至《いた》らずんば、正覚《しょうがく》を取《と》らじ」

とあります。他にも多くの経典に佛の正覚から現れる佛力である六神通が説かれていますが、これは前述の釈尊の正覚に伴って、その悟りから現れ出た能力であると考えられます。

人は誰しも、釈尊のように完全に円満に悟るのでなくても、段階的に人の悟りの能力が向上することによって、仙人でも発起出来る智の力が顕われ、そしてそれは神通智であることが示されています。

この智は世間の世俗の智ですが、思い付きや単なるアイデアなどではありません。前後想・上下想・光明想などの三昧の心一境性《しんいっきょうしょう》（止観《しかん》）や称念《しょうねん》・意念《いねん》の長期間の修習から現起《げんき》・引発《いんぱつ》される創造力で、人の生命の歴史的根源的進化の蓄積から引出される新しいものです。それが慧《え》となり般若の智慧に発展しますと悟りとなります。そして神通は悟りの智慧が融通無碍《ゆうずうむげ》自在に現実に利他の働きをする佛力《ぶつりき》として生き生きと活動することです。

これから神通を述べる場合に世俗で達する部分は五智とします。

漏尽智《ろじんち》は戒を守る出家智《しゅっけち》の位置にありますが、しかし大乗戒《だいじょうかい》である円頓戒《えんどんかい》により、法蔵菩薩《ほうぞうぼさつ》の誓願成就で我々は既に救われてしまっています。よってこの戒にもとづく漏尽智を含めると六智となります。この内、他心智の半分は出家智とされていますが一応世俗智に入れておきます。したがって救いを前提とする世俗の成就は六智《ろくち》とします。現実生活に六智を生かした上で、ここでは往生後の成就を六神通とします。

釈尊は示導を三教示したといわれており、それは神境神変《じんきょうじんぺん》と記説神変《きせつじんぺん》と教戒《きょうかい》

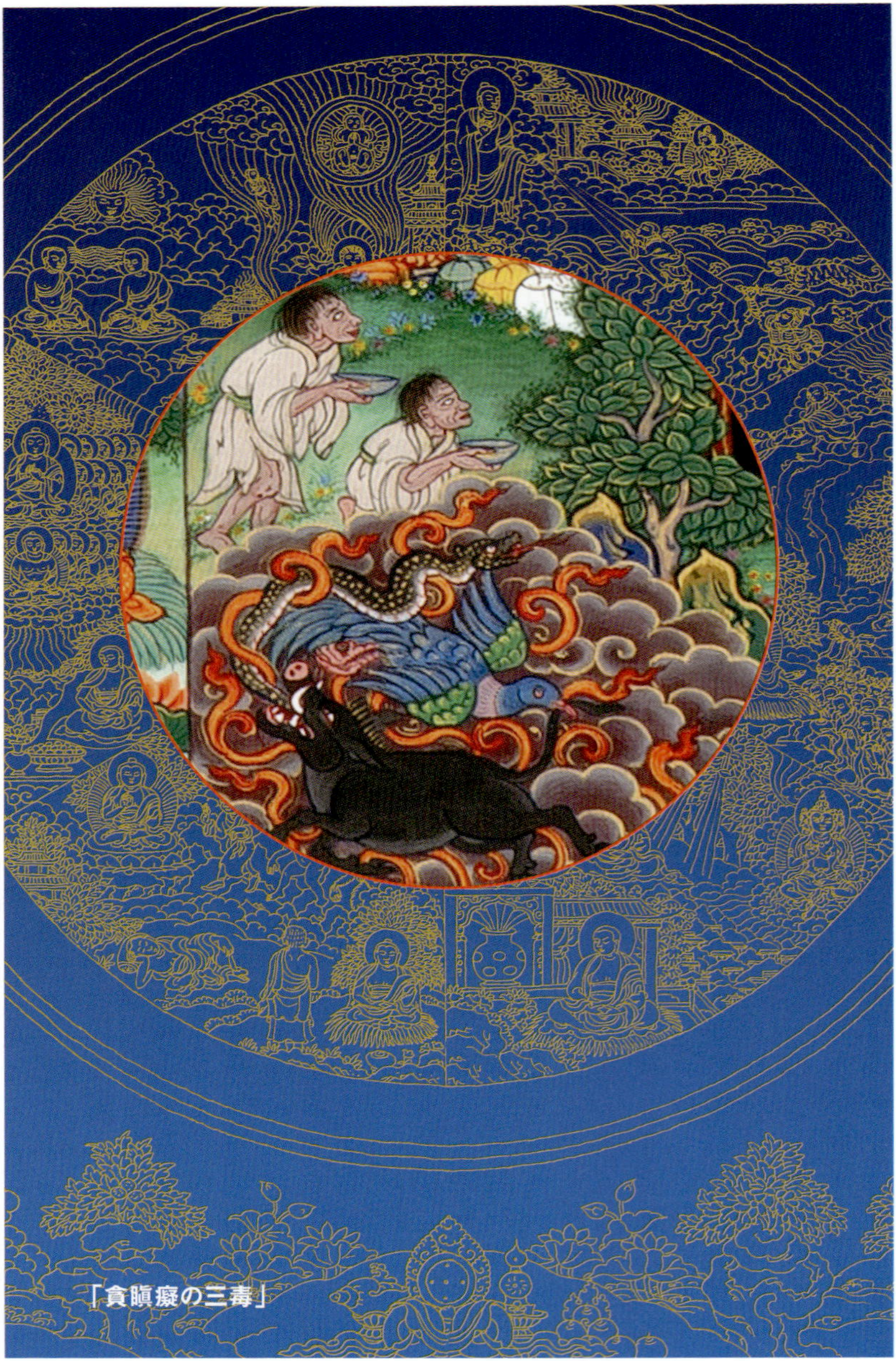
「貪瞋癡の三毒」

神変《じんぺん》です。この神変は修行で得られる超能力であり六神通の一つと示されており、したがって我々は世俗の六智を現実生活で実用した後に、死後に極楽往生し、六神通を得て還相し、その神変示導の力で人々に利益を与えることが出来るとされています。

『無量寿経《むりょうじゅきょう》』の三毒五悪段《さんどくごあくだん》では、世人は薄俗にして共に不急の事を諍い、この劇悪極苦《ぎゃくあくごっく》の中、身を勤めて営務《ようむ》し、自らのみを給済すると述べています。

現在も世界化（グローバリズム）により、神中心の生き方と人を中心とする生き方の中で社会、経済、科学等を含めて、行き詰まり混乱して人々は自らの生き方に迷っています。人と社会と民族文化の基礎は、その国の人々の生き方であり、それが揺れると世間の人々は不安な生活になります。

釈迦の時代に一般凡人の信徒の沙羅が釈迦牟尼佛に申し上げたことを例にすると、沙羅が質問したことに

「世尊がお説きになる四不壊浄《しふえじょう》（佛法僧戒《ぶっぽうそうかい》）によって、私は常に如来を念じ、あるいは自ら施法所《せほうじょ》を作り布施をおこなっています」

と申し上げました。そこで佛は、

「そのように勤めている汝は確かに自ら斯陀含果《しだごんか》（聖者四段階の第二段階）を果たすことを予告する」

と話されます。そして

「世間と出世間において、善を深く信じ、神力を能《よ》く得て能く成《じょう》じ、さらに人々を助ける願いを起こして、忍辱精進《にんにくしょうじん》することは勝解《しょうげ》であり、此れ即ち信の大因である」

と教示されました。

この忍《にん》と信《しん》は、一般の人の日常生活が苦楽の連続であるとはいえ、困難や判断の迷いや病気でにっちもさっちもいかず、どうしようもなく行き詰って耐えられない時、本当に心の底から頼るべき佛の教えに対する信であり、これを無生法忍《むしょうぼうにん》と言います。

在家の菩薩は、優婆塞《うばそく》と優婆夷《うばい》の中に居て、菩薩摩訶薩《ぼさつまかさつ》が、般若波羅蜜《はんにゃはらみつ》を修しなければ、菩薩位に入ること能わず、もし菩薩位に入らないなら無生法忍を得られず、もし無生法忍を得ないなら諸菩薩の神通を得ることが出来ず、もし菩薩が神通を得ないなら一切種智《いっさいしゅち》を得ることが能わないと龍樹《りゅうじゅ》は述べています。

そこで六神通を得るにはどうするか。『無量寿経』において、釈迦シッダルタの大乗仏教における出家名である法蔵菩薩が無上正覚《むじょうしょうがく》の心を発して、先に述べた第十八願を誓いました。そして

「私が佛となるときは、
国中の人と天が
六神通を得ていなければ
悟りを得ない」

と、この五から十願の要略のように誓い願いました。このように、法蔵菩薩は四十八の願いを誓ってこの願いのすべてを完成し、具足して修行を成満《じょうまん》しました。
それによってすべての人々は既に救われてしまっています。

「法蔵菩薩誓願成就阿弥陀佛」

それは実在の釈尊が正覚を得て成佛したことと、それを梵天勧請《ぼんてんかんじょう》によって説法が実際に行われ救いが示されたことで、それを信楽することで誰もが救われてしまっているという釈尊他力《たりき》の事実があるからです。

そして釈尊の大乗佛教利他行の菩薩名である法蔵菩薩は、今すでに阿弥陀佛として成佛し、現に西方にましします。したがって阿弥陀佛は釈迦牟尼の菩提樹下の自内証《じないしょう》の悟りと慈悲と利他の転法輪《てんぼうりん》を具体的有相《うそう》の姿で現わし、慧光明無量寿《えこうみょうむりょうじゅ》の悟りである極楽をも現わして西方に安立《あんりゅう》された佛です。

その佛の世界・涅槃界《ねはんかい》を名づけて安養極楽浄土と言います。法蔵菩薩の四十八願の内、前述のように十八願で称名念佛《しょうみょうねんぶつ》し、さらに前述の五願から十願までを実修すると、既に釈尊の悟りが確実にあったことを信楽しているので、その六願の六智によって、往生までの生活や事業等《じごう》の充実も得られます。

三　六智《ろくち》のあり方と修習《しゅじゅう》方法

そこで法蔵菩薩の願の成就によって救われてしまっている罪悪の凡夫は、極楽浄土で六神通を円成《えんじょう》するにあたり、宗教的に凡夫の我々が日常生活の中で修行をする時に、六智の願いも実修・実践して、往生と共にこの現実世界でどのようにすれば六智を修行や日常生活に役立たせ行ずることが出来るのでしょうか。
またどのように我々凡夫の心の中の状態において願・作意《さい》・思念・造作《ぞうさ》・業《ごう》などを引発させる原因が増上・増加し、種子《しゅうじ》の現行《げんぎょう》をするのでしょうか。活命《かつみょう》（生活・医療・美術・文学等）・事業《じごう》においてどのように働くのでしょうか。

その答えは、前述のように釈尊が前に未だ等覚《とうがく》を現等覚《げんとうがく》せず菩薩なりし時に思念して、自ら修習した前後想・上下想・光明想・楽想・軽想・身心想《しんじんそう》の想修と、菩提分修を修して無上正等覚《むじょうしょうとうがく》を触證《そくしょう》し、自然に在家凡夫《ざいけぼんぷ》でも出来るレベルの「六智」が現れてくることの中にあります。そこでこれらの修行の内容と方法と根拠について述べていきます。

上下想

上下想は、上頂上《かみちょうじょう》より下足下《しもそくげ》に至るまで、そして心（阿頼耶識《あらやしき》・末那識《まなしき》・六《ろく》識《しき》）と頭の中の脳から身体血脈等までこの身を観察《かんざつ》します。

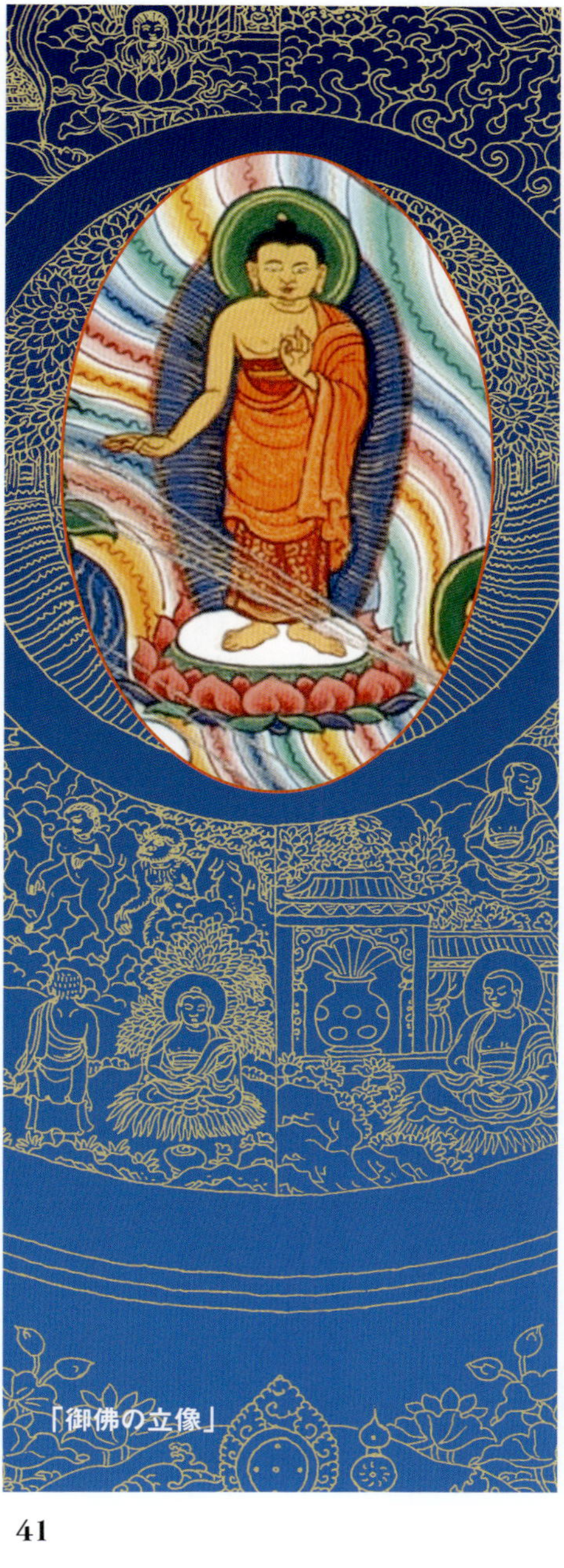

「御佛の立像」

光明想

光明想及び日想《にっそう》の作意を警覚《きょうかく》し依持《えじ》するには、昼を夜のように、夜は昼のように修します。さらに心の無礙無執著《むげむしゅうちゃく》によって、心を修行し、光耀《こうよう》があるようにして神力を引発します。

それに加えて菩提分修の四正断（律儀断《りつぎだん》・断断《だんだん》・随護断《ずいごだん》・修断《しゅうだん》）等をして、悪・不善を捨して善法を生じ、現世に楽行をして、忍《にん》・智《ち》・見《けん》を以て分別《ふんべつ》し、諸々の煩悩を断じて、一切の苦を盡します。

光明想・日想の具体的な修行は、菩提樹の下に座して木漏れ日などから光明界を成じて闇の障礙《しょうげ》をなくしたり、月光・日光あるいは燈光を常に見るように修すこともあります。さらに楽・不楽の気持ちでそれらを見ると、その光明の中に智が起きます。

家の中で修行する場合は、壁の穴や鍵の孔、窓の隙間からの光を把取《はしゅ》します。

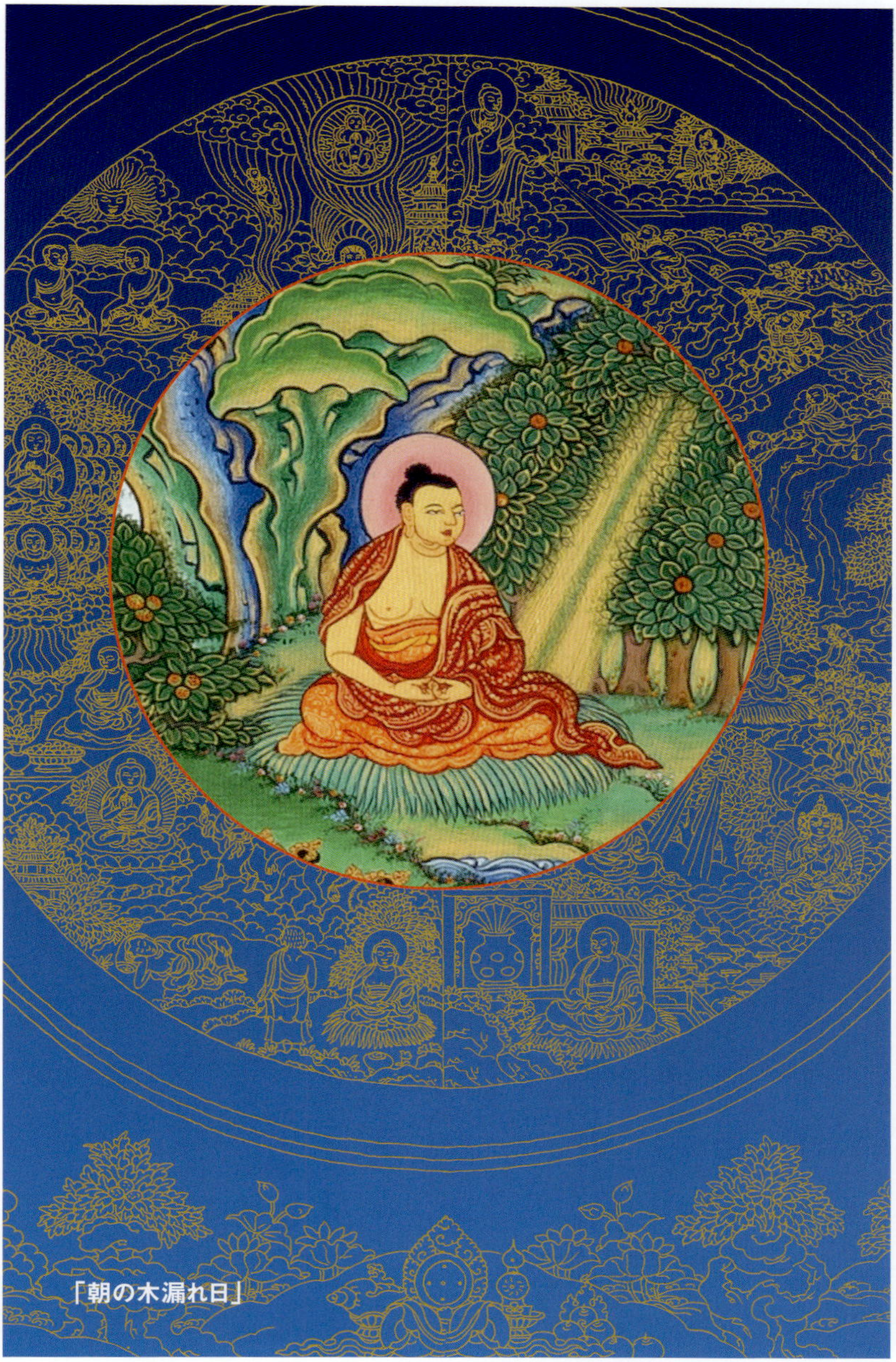

「朝の木漏れ日」

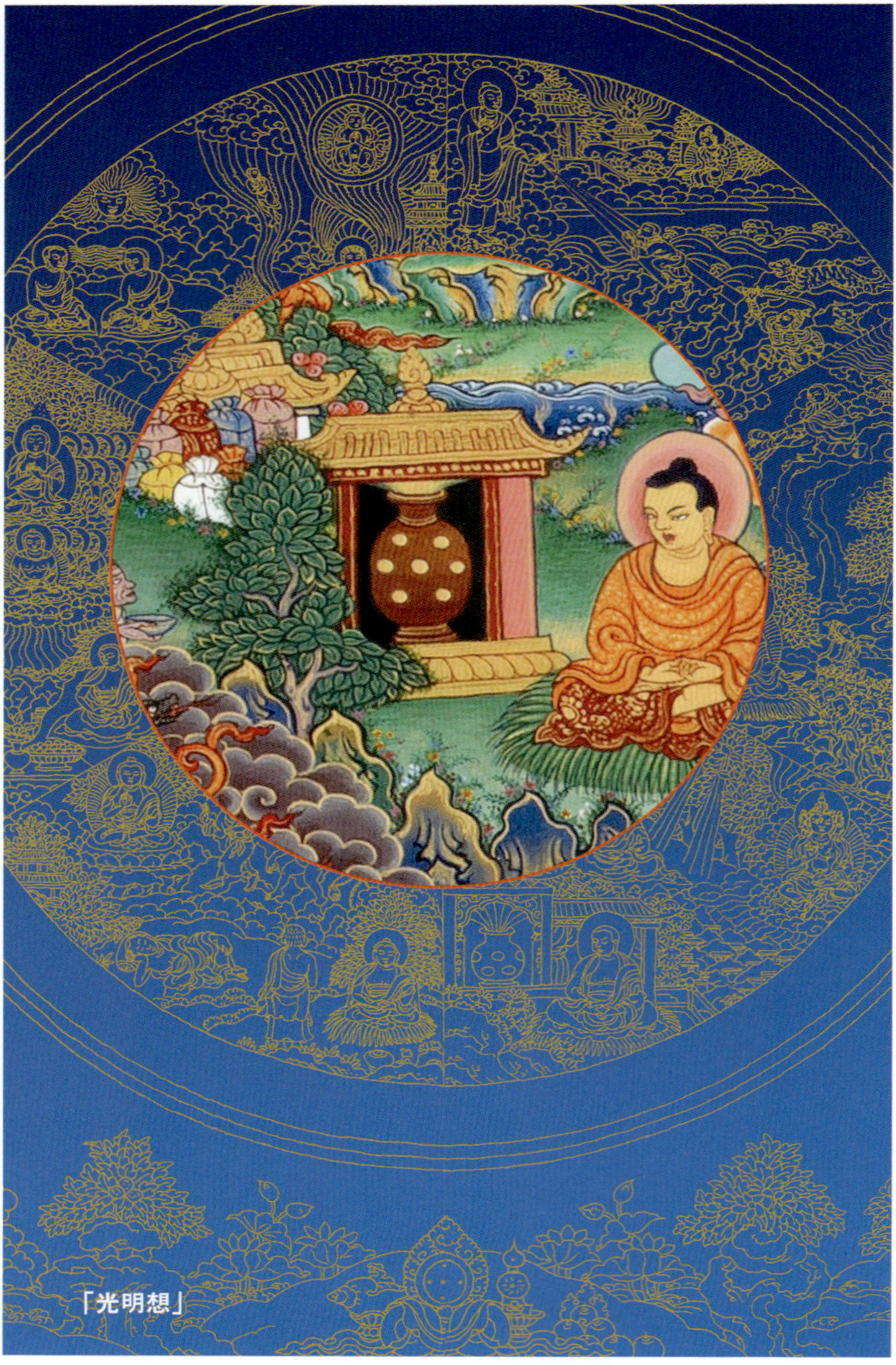
「光明想」

または東西に壁を作り、坐して水を鉢に満たして、白光が届く所に安置します。そうすると、その水の中に光の曼陀羅《まんだら》が写ります。その曼陀羅から光が起って壁に光が届きます。ここに光明相を良く見ることになります。または、瓶に穴をあけ、瓶の中に燈明を入れて穴から燈明の光を壁に写し、光の曼陀羅を作って修すこともあります。

それらの時に、光明、光明、阿弥陀とその光を称念し、作意して、これを見て三昧に入ります。その時、菩提は自然に本識《ほんじき》から刹那、刹那に生起し、来たって光明が起こり、次に智が起こります。そこに喜《き》・楽《らく》・解脱《げだつ》を思念して、捨《しゃ》と出離《しゅつり》に到るようにします。

またこの光明色相《こうみょうしきそう》の想《そう》は、即ち彼《か》の相において作意し思惟し、又種々なる諸々の有情類《うじょうるい》の善、不善等の業用《ごうゆう》の色《しき》（物質・もの）の区別において、善くその色相《しきそう》を取り、即ち彼《か》の相において作意の警覚をします。それ故に光明色相の想と名づけられてもいます。そしてこれらについては、先の浄土教の無量光・無量寿の阿弥陀佛の光明念佛三昧発得《こうみょうねんぶつざんまいほっとく》をする口称念佛の称名と根底で拘《とらえ》られます。

また、光明想は倶品《くほん》の所縁《しょえん》の境《きょう》とされていますが、それは前後の想が「観《かん》」（毗鉢捨那《びばしゃな》）の所縁の境を取り、上下の想が「止《し》」（奢摩他《しゃまた》）の所縁を取り、この二が光明の想において倶品となるからです。この「止」と「観」を修すためには勝れた光明想を修すことです。

この止と観は浄土教の五念門《ごねんもん》の発願門《ほつがんもん》（止《し》）と観察門《かんざつもん》（観《かん》）にも当たりますので光明三昧に通じます。即ち彼《か》の相において作意し思惟することによって種子を警覚して現行してから言葉の現れる以前の存在である意言《いごん》に到り触證します。

その時に心の自在を得ることによって心は清白《しょうびゃく》となり、不動なる一切の光に入り光明想に到って姿と形を作意します。このようになると諸法が生じるので、止観《しかん》を深く勤めると、諸々の疑惑を永く離れ、因縁の生法《しょうぼう》を忍・智・見で般若《はんにゃ》し慧《さと》ることになります。

このように心を修行し光明を以て内に満たさしめ、智を含めて光明を満たさしめますが、これ自体は天眼《てんげん》ではなく、智を以て内の光明の中に具体的な色《しき》の状態・実体を見ることこそが天眼智です。

そして天眼の本性は光明ですので三明の第一の悟りの状況なのです。この修習の結果によって死生智《ししょうち》を證得します。それによって天眼清浄《てんげんしょうじょう》を以て超人の眼で衆生を見ます。さらに広く説けば身を壊《え》した死後に極楽に往生することを見ることになります。

これはまた菩薩の増上心《ぞうじょうしん》とも言われ、心意楽《しんいぎょう》で作意し思惟し警悟《きょうご》を成満《じょうまん》し趣入《しゅにゅう》するが故に、一切の行と諸々の有情界及び大菩提において能く正に通達《つうだつ》することになります。それ故に、諸々の有情の脱苦《だっく》の方便において能く正しく推求《すいぐ》する故に能く修行し、その世俗の諸々の静慮《じょうりょ》等の等持《とうじ》（三昧）・等至《とうし》（定）において、能く神通を引き能く住す故に、彼《か》の願からの自在力《じざいりき》を以て超能力の神力即ち威力を出します。それには、法界等流《ほっかいとうる》の正法を聞き薫習《くんじゅう》し行ずると、光明と等持の光明とを発して顕示するのです。内心浄《きよ》くして能く光明を発します。

前後想

前後の想は、住《じゅう》に坐《ざ》を観《かん》じ、坐に臥《が》を観じ、或いは後行《ごぎょう》に在《あ》って前行《ぜんぎょう》を観察《かんざつ》します。これは即ち毗鉢捨那行《びばしゃなぎょう》（観《かん》）を以て、三世縁生《さんぜえんじょう》の諸行《しょぎょう》を観察することを顕示するのです。

そして前後の想は、所観《しょかん》の相において良く取り善く了じ善く達します。それは住に坐を観じ、坐に臥を観ずとします。別に後行にあって、前行観察することであるとします。この二つは毗鉢舎那行によって三世縁生の諸行を観察するとしているのです。

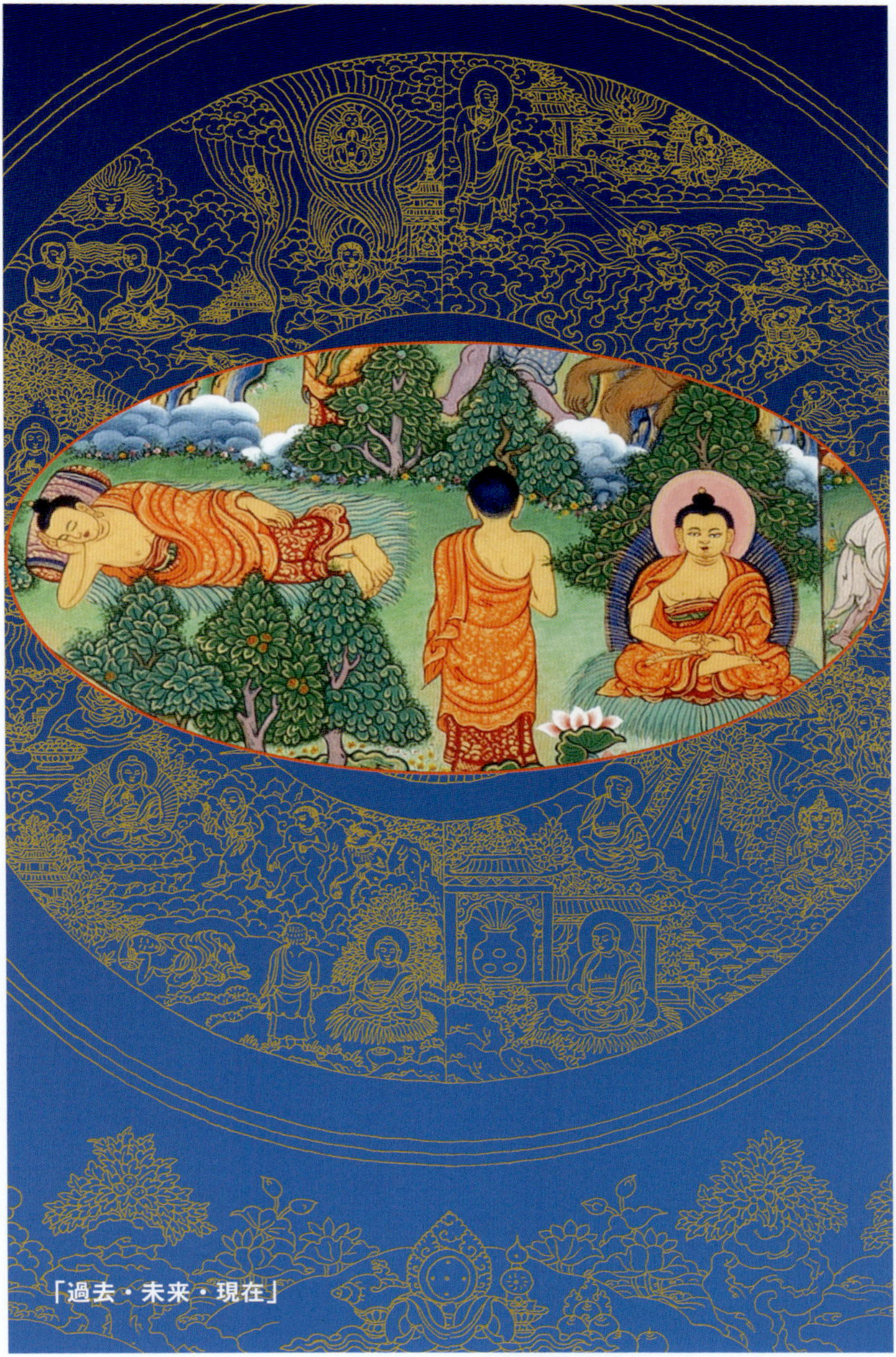
「過去・未来・現在」

まず住に坐を観ずということは、現在の作意を以て、未来の所知の諸行を三昧の中で観察することを顕わします。それは、未来の所知の位は未だ現に生じていないので、まさに起さんとしている故に坐と名づけています。

また、坐に臥を観ずというのは、現在の作意を以て、過去の所知の諸行を観察することを顕わします。それは、現在の位はまさに滅そうとしているので坐と名づけています。

過去の所知の位は、既に謝滅《しゃめつ》しているので臥と名づけます。この住・坐・臥は、行住坐臥《ぎょうじゅうざが》の威儀《いぎ》と言われるように、日常生活の毎日の行動であり、一方で、過去・未来・現在の三世《さんぜ》の時間的意識とその動きのあり方を示し、諸行無常《しょぎょうむじょう》を顕示していきます。これらのことを作意する位とするのは、作意そのものは、三世有為《さんぜうい》を念ずることから、作想《さそう》が行われて前後想となるからです。

それが作意として意識となって心を引き、深層心理である阿頼耶識（蔵識《ぞうしき》）

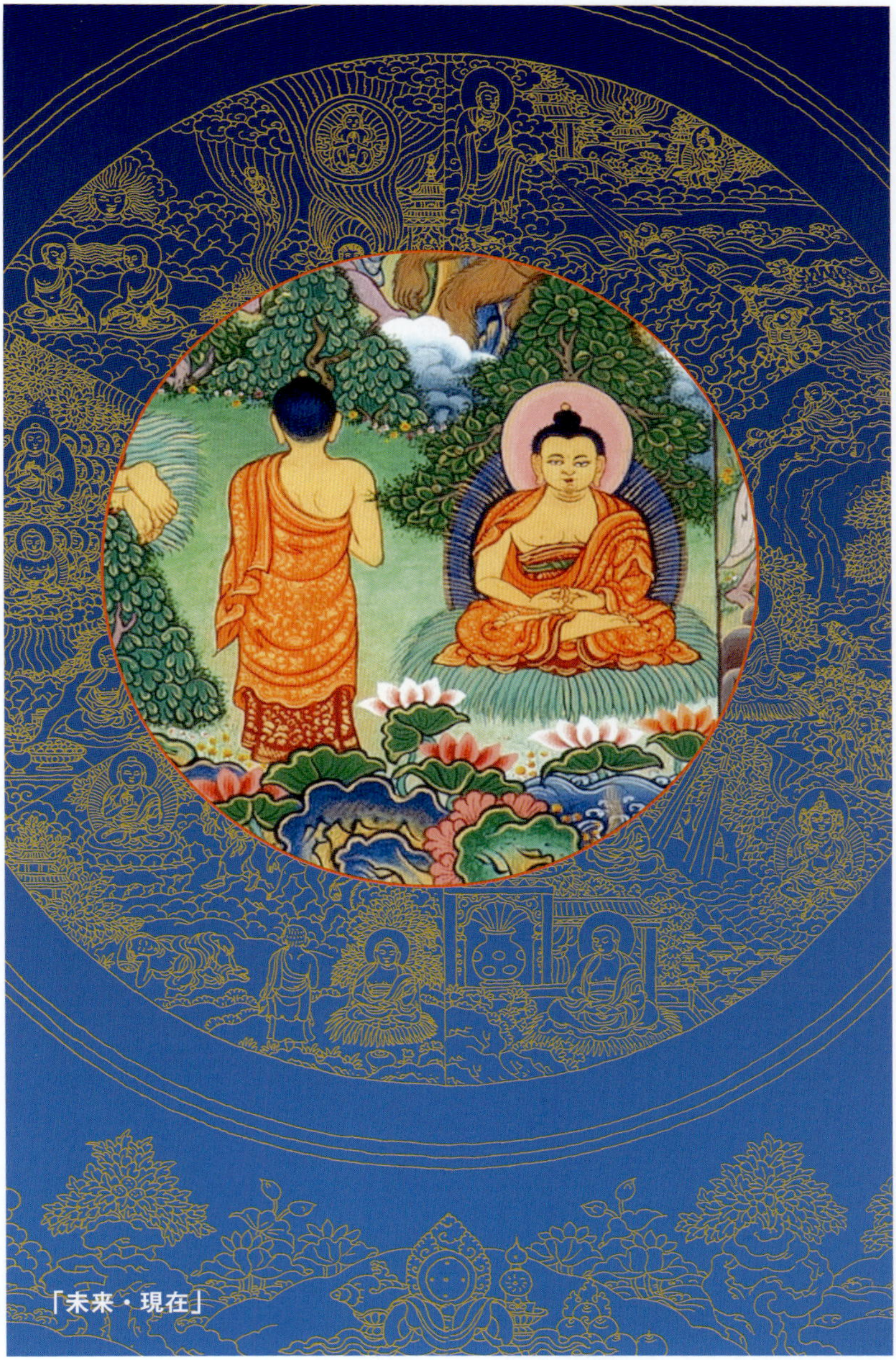
「未来・現在」

を警覚して、それを現在の作意の想に現行して落謝《らくしゃ》し、また未知の未来からの落謝の想と共に現在の作意にあって過去の臥へ落謝します。その蔵に蓄積された種子すべても未来となって一人の人の中に落謝してくると同時に、未知の未来からも落謝して現在の作意の中に起きてきます。

そして、過去の所知の位置は、既に謝滅するということは、滅が落謝して無常で刹那の滅であることを示しています。

そして現在の作意で過去の所知の諸行を観察すると臥であるということは、臥即ち睡眠中に、脳に憶念《おくねん》と種子が蓄積されて、翌日の朝の座す時にまさに起きて各種子現行して次々と生じ住すと、また種子は刹那に落謝していき、阿頼耶識に薫習されていきます。

後に述べるように、如理作意《にょりさい》の種子は増上縁《ぞうじょうえん》である二十二根《にじゅうにこん》の意根《いこん》の優れて力強い増上縁で、阿頼耶識の種子が蓄積し活動所蔵分野である十五依所《えしょ》の中の善悪の価値を置く隨順依所《ずいじゅんえしょ》に結んで置かれることによって、十因の中の定異因《じょういいん》・

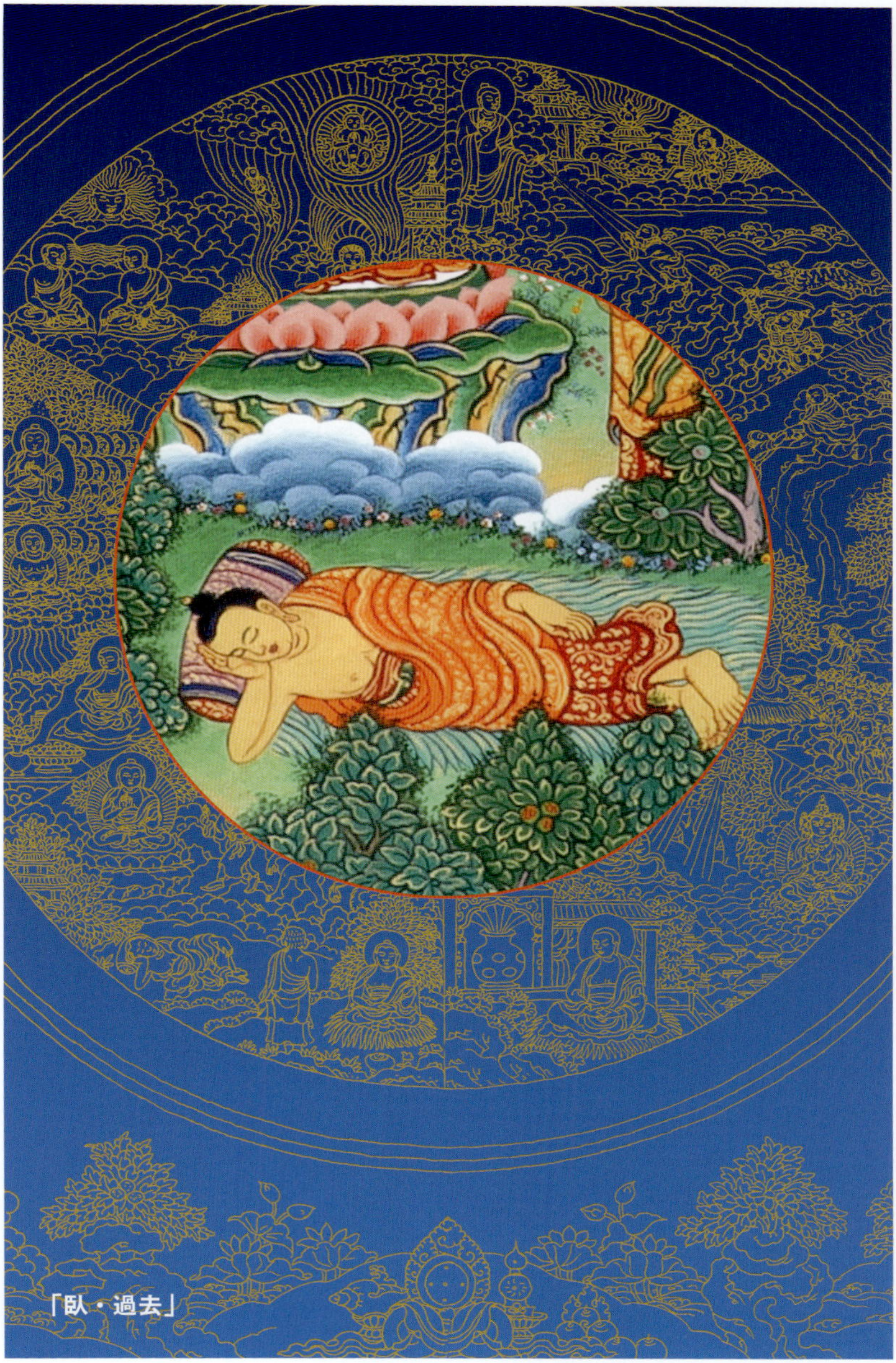
「臥・過去」

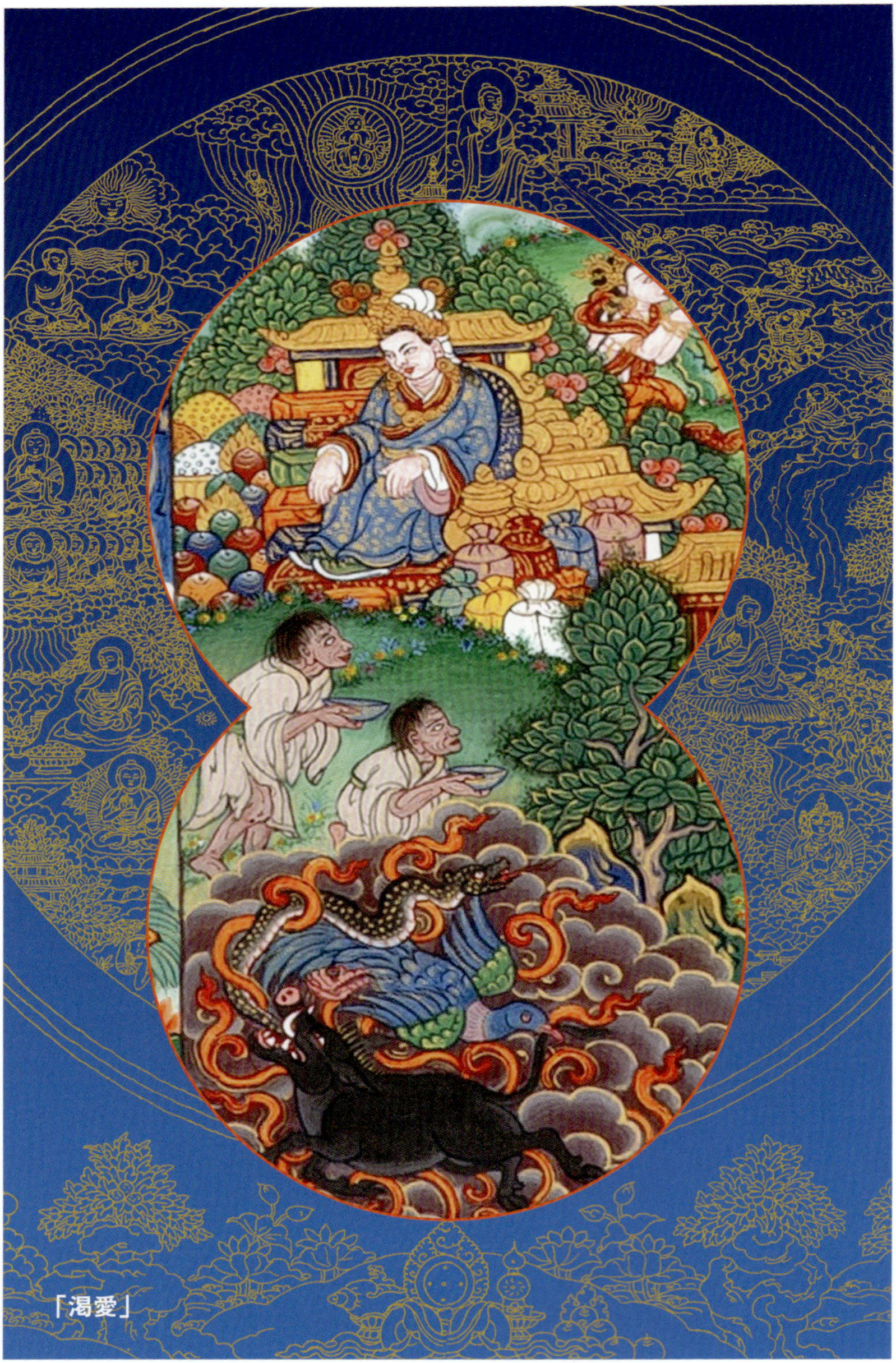
「渇愛」

引発因《いんぽついん》・生起因《しょうきいん》・摂受因《しょうじゅいん》等が六智を引いて生起現行させます。

次にこの「住・坐・臥」の「住」については、生《しょう》・住《じゅう》・異《い》・滅《めつ》の「有為《うい》」である現象的存在の諸行即ち不相応行《ふそうおうぎょう》である物質と心の両者に関係する状態や性質概念を現わし、それは刹那滅で無常です。この生滅する有為は、因と縁で作られて、色《しき》・受《じゅ》・想《そう》・行《ぎょう》・識《しき》の五蘊《ごうん》であり、心と心所《しんじょ》と色《しき》と不相応行とされています。即ち有為に対して「無為《むい》」があるとされるように、後に述べる因縁・等無《とうむ》間縁《けんえん》・所縁縁《しょえんえん》・増上縁《ぞうじょうえん》の和合で造作された現象的存在で、造作を有するものであるから、絶対的存在の無為からすると、有為はすべての私達の存在の世界のことになります。

そこで、次に後行ありて前行を観察することは、現在の作意を以て無間《むけん》に滅する現行の作意を観ずるを顕わします。それは、既に生起し、無間に謝滅する所取《しょしゅ》の作意を説いて、前行と名づけています。無間に新々に生起する能取《のうしゅ》の作意、前の無間に既に謝滅したものを取るのを後行と名づけています。

心意識の中で種子から生起し、現行していて無間に謝滅する所取の作意を前行と名づけ、心意識の中で新々に生起する能取の作意が所取の作意（前行）を取ると、前行のこの所取の作意が謝滅するのでそれを後行と名づけ、謝滅していくものは常に後行とされるのです。

ここで所取（客観）と能取（主観）の位置によって作意の中の観察と判断のあり方が示されています。即ち謝滅（滅）は三昧の観（観察）の中で落謝として前が次に後になると、未来から現在に落ちてくるのと同様の観察をするのです。生（起）と（謝）滅は、有為の生・滅・住（異）の中で生の所顕として、生と住があり、利那に終没するのは滅で、新々に生ずるのが生です。

さらに天眼智で人の生死《しょうじ》と業《ごう》を見て縁起の中で利他をする人生を観察します。

そうするとこの人間行動の根源の欲を定《じょう》によって断行《だんぎょう》することを前後想で成就し、神力を顕現して、我が欲は高ならず、下ならず、没せず、散ぜざらしめますと、前後常に想行《そうぎょう》します。そして前も後の如く、後も前の如く、昼も夜の如く、夜も昼の如く修習するならばその心は開悟《かいご》して覆蓋《ふくがい》あることなく、明了になります。そして身を以て心を摂定《しょうじょう》せしめ、心を以て身を摂定せしめ、楽想・軽想の挙身《こしん》の行《ぎょう》をします。

もっとも古いとされる経典『経集義品《きょうしゅうぎぼん》』の欲の章に、

「欲求にもとづいて生存の喜びに縛られ、後や或いは前をも期待しつつ、これらや或いは前の欲望を熱望していて、彼等は解脱し難い。他によって解脱するのではないからだ」

とあります。これは集諦《じったい》の渇愛《かつあい》の欲の本能の滅と、修定《しゅうじょう》の体験から、過去・未来・

現在の正覚と利他行と六智の実行による「神力（威力）成就」の道を「前後想」の修習によって示しています。

この過去・未来・現在の流れと社会の関係、人間関係、そこで生れる活命・事業と希望を含め、人生の目的と、生死を限界とする現実から、人がどのように生きるのか、その思念と覚悟の方法をここに見ることになります。

四

なぜ六《ろく》世《せ》間《けん》処《しょ》で前後想等から六智が起せるのか

これらの六智は前後想・上下想・光明想からなぜ生ずるのでしょうか。それは人の心意識のどこにその要因があるかを見なければなりません。それには深層意識の起す原因等を見る必要があります。

『瑜伽論』の四種神足の建立《こんりゅう》を述べる中で、毗鉢舎那（観）の所縁の境（客観対象）において、前後想・上下想を述べています。

そして、詳細は次に述べますが『瑜伽論』では六世間処の世俗社会生活とは、

（一）境界（自然・社会等の対象の観察）を取ること
（二）家族の継嗣
（三）活命の因縁と事業における人の作用の士用《じゆう》
（四）心意識
（五）先祖過去の諸業《しょごう》の果の受用《じゅゆう》及び新業《しんごう》
（六）世間の趣向からの離欲と利他と出世間の処

としています。

それら六世間処の世俗社会の実生活の中で、「増上」とは優れて力強く増加することで、これを根《こん》と言います。それには二十二根（増上）あります。

人々がアイデア・生活費・家庭・子孫・仕事などを望み思案する中で、前後想・上下想・光明想・楽想・軽想の三昧をすることによって、何がどのように希望・欲・願いを成功させるのでしょうか。その原因や心掛けはどこから、何から生起するのでしょうか。どこからともなく来るかもしれない運なのでしょうか。あるいは原因と依り処のある縁なのでしょうか。

六世間処《ろくせけんしょ》

そこでまず、今回の一番大きなテーマとなる六世間処という世俗社会世間の六つの場所で、何をどのように実行すれば六智が起きてくるのか見ていきましょう。

それは因縁の種子を現行するための縁の分別を生ずる、力強く勝れて増加する増上の威力・活力・精力・感応感覚・偉大な行為力の二十二増上（根）の縁が働く場所においてと考えられます。

では、その世間現実社会の六世間処の詳細はどのようなものでしょうか。それは世間が動き働く場所であって、

(一) 自然・世間社会等の対象（五色根《ごしきこん》）を勝れて力強く増上し、良く詳細に観察する人の感覚器官です。眼・耳・鼻・舌・身で知る対象です。

(二) 家族・家庭・夫婦の円満と継嗣・子孫の続く系譜で人類の生きる未来への根本です。

(三) 活命の日常活動の因縁と仕事（事業）する人の能力と作業・考え・計画・アイデア・医療・芸術・科学・教育等の実際の現場を増上・向上・発展させる依処《えしょ》です。

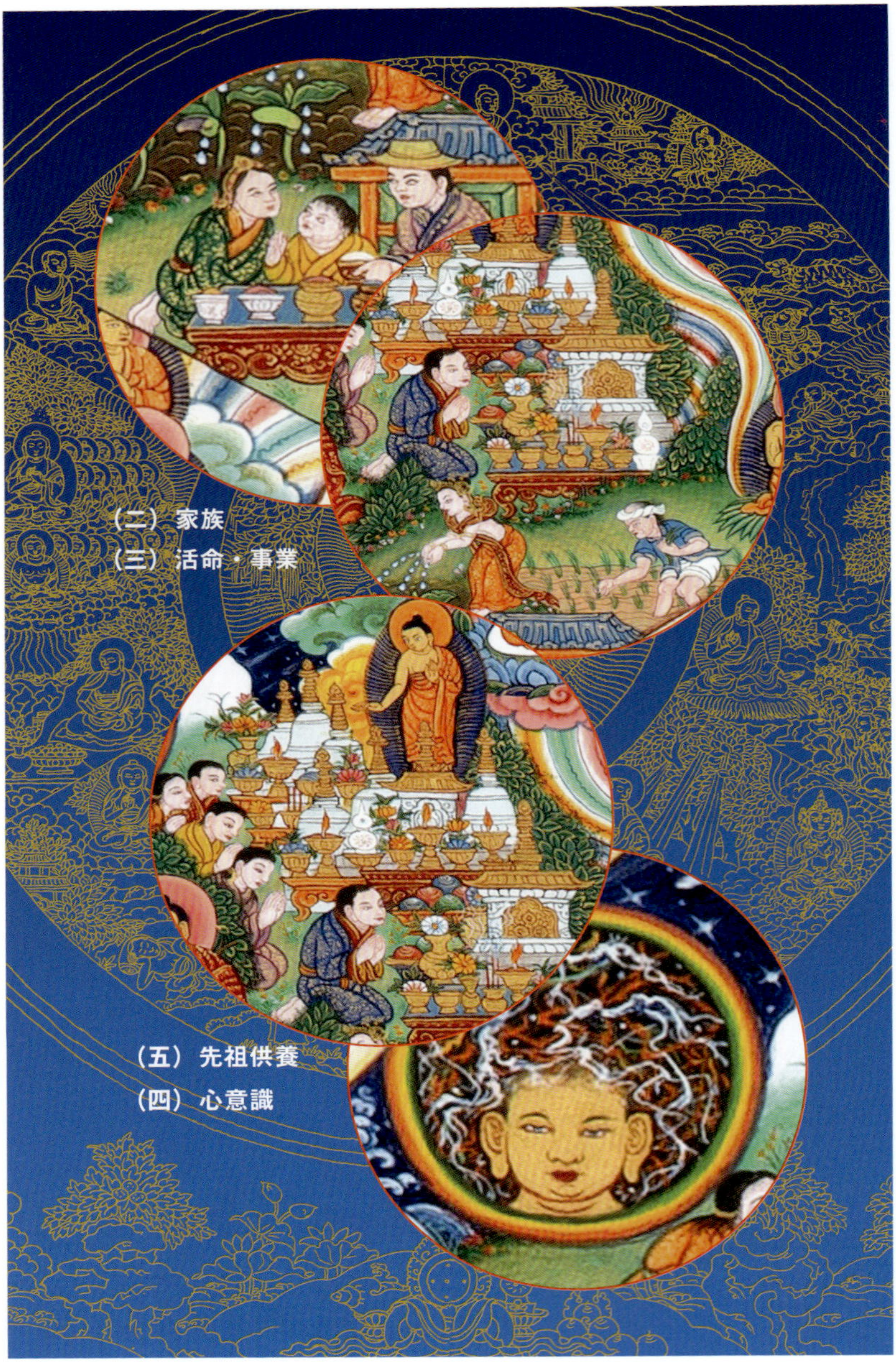
(二) 家族
(三) 活命・事業
(五) 先祖供養
(四) 心意識

(四) 意という勝れた力の増上は意識と末那識・阿頼耶識のことであり、その意には思念・作意・願が含まれます。

(五) 先祖諸霊の供養をし、各自の過去の人生経験・各自の前世の諸業の結果から現在の新しく作る良い業を増加増上させる依処です。

(六) 世間の貪欲・名誉欲・金銭欲・顕示・嫉妬・権力欲・卑しく無恥でさもしいこと・三毒五悪・不義理・不人情・不徳・我利などの欲を離れて生命力を増上させる依処です。そして人としての生き方・人生に徳を持ち、覚悟があって人としての悟りと尊厳があり、利他の人生の道を増上させる依処です。

以上の世間を依処とする私達は、この因縁や行運《ぎょううん》の中で日々の決断や生活をしています。

四縁《しえん》

これらの原因の依り処の中で六智等の発起を含む引発因や、それらの特別な力を持つ定異因や摂受因などの総合的な因は、何かの縁や行運がなければ起きてきません。それが

①種子の縁の依処で種子と現行の因縁
②落謝や阿頼耶識の種子の連続の等無間縁《とうむけんえん》
③対象境界の心心所《しんしんじょ》の所縁縁《しょえんえん》
④観待《かんたい》・索引《さくいん》・生起《しょうき》・摂受《しょうじゅ》・引発《いんぱつ》・定異《じょうい》・同事《どうじ》・不相違《ふそうい》の因によって士用果《じゆうか》を出す増上縁です。

それらを確実に起すのは根本原因の因縁（種子現行《しゅうじげんぎょう》）と、原因の補助ともされる等無間縁、所縁縁、増上縁です。これらの縁の中ですべてのチャンスやきっかけや手がかりとなるのは、増上縁である二十二増上です。それは阿頼耶・末那・意識の意根・受根・信・善念などを自性《じしょう》としています。

二十二増上《にじゅうにぞうじょう》（根《こん》）

日常の生活やこの世間で人として力を付け増加し、成就成功するにはどのようにすれば良いのでしょうか。それは次の二十二の力強い増上です。

【一】社会環境世間の現実の状況を対象とする五色《ごしき》（眼耳鼻舌身《げんにびぜっしん》）の五の増上があります。

【二】結婚し家族を作り子孫を継嗣する男女の二の増上です。

【三】命《みょう》増上は、①生命を活《いか》し生活する事業、②境界を受用する時分の辺際、③内身受用、④依止の安住、⑤有情を住し没させる、⑥有情の寿を漸々に損減す、⑦長寿・久住・寿量の辺際、これらによって一増上とします。

【四】心意識の意増上は、意識と末那識と阿頼耶識とそれに含まれる作意・願などでまとめて一の増上です。

【五】先祖・前世の業の良悪がもたらす今世の新しい業を積む楽・苦・喜・憂・捨の感情・感覚の五増上で、そこに無我・利他・徳があります。

【六】先に述べた世間での欲を離れて善を行う実践として資糧位《しりょうい》（修行の五種の段階の最初）の信と勤精進と念と定と慧を実現する受の五増上です。

【七】見道《けんどう》（涅槃にゆく五段階の一つ）・加行《けぎょう》・四善根《しぜんこん》（煖《なん》・頂《ちょう》・忍《にん》・世第一法《せだいいっぽう》）・諦信現観《たいしんげんかん》の修習による出世間無漏《しゅっせけんむろ》が増上する未知当知の一増上。

【八】信等五増上と意・喜・楽・捨の九増上を性とする已知の一増上。

【九】無学位九増上を性とする具知増上の一無漏増上。

【一】から【九】の、世間から出世へ行く離欲最極究竟の増上のすべてを合せて二十二の増上です。生活であり事業である【三】命増上は種子となり、例えば人の脳の一千億個を超えるニューロンと同じような量の種子・習気《じっけ》によって異熟《いじく》とな

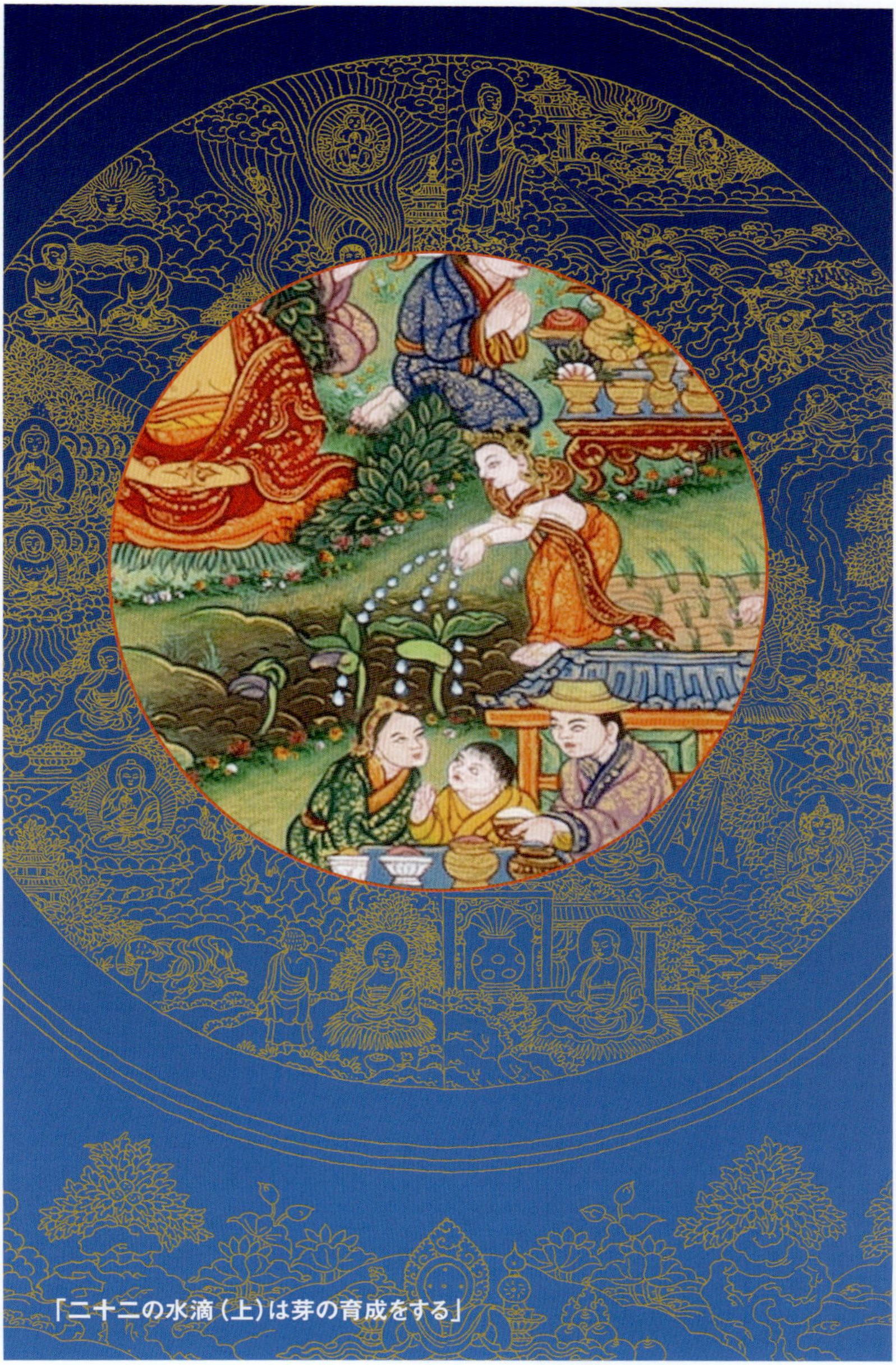
「二十二の水滴（上）は芽の育成をする」

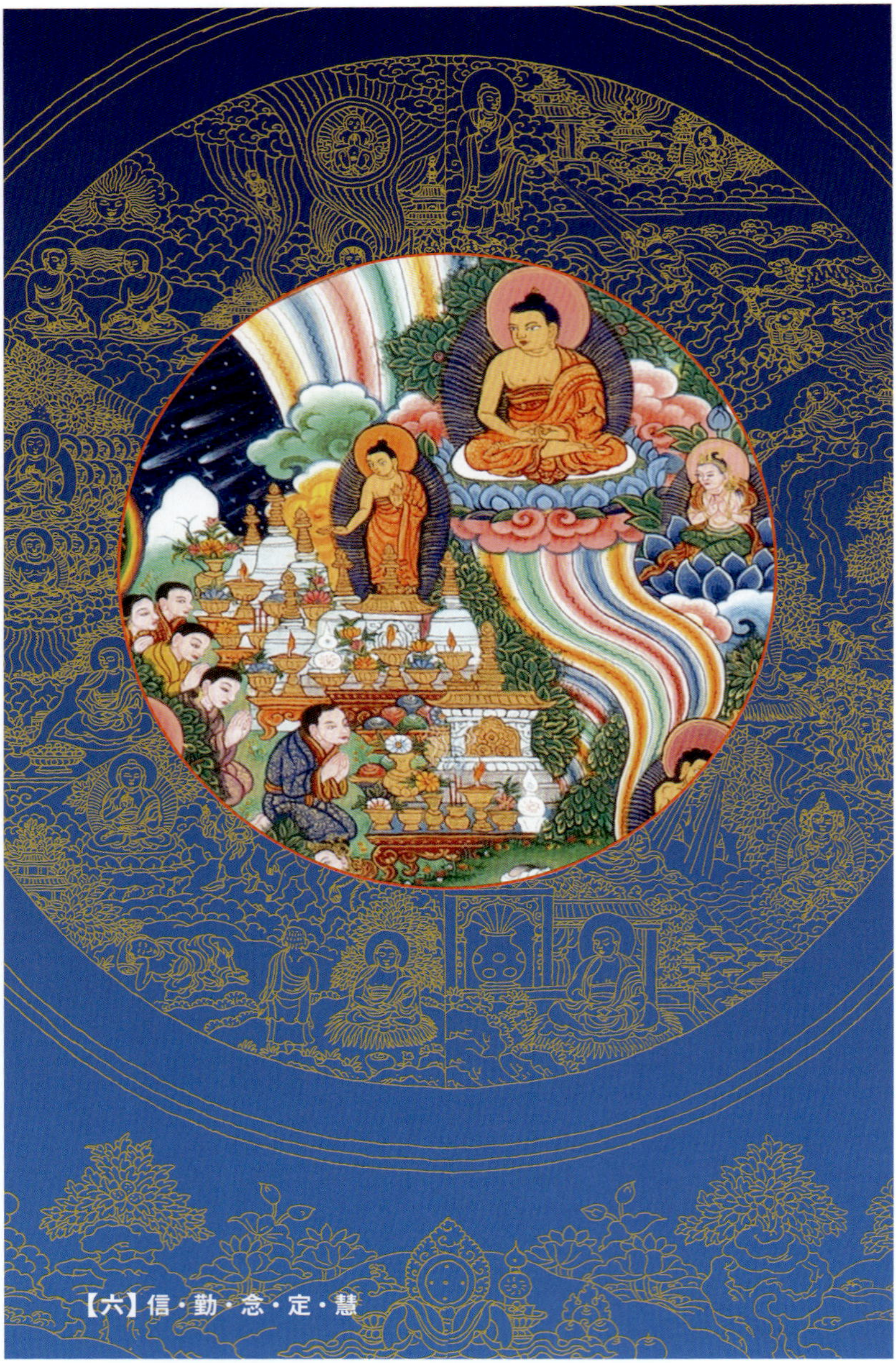
【六】信・勤・念・定・慧

る多数の種子の現行は、前後想等の瑜伽と願とそして作意と依処と各因の混成によって顕現し実動します。

この中で【三】命増上と【四】意増上（意識・末那識・阿頼耶識）は、善である価値と同類のもので、阿頼耶識の中の全ての種子とその現行の依り処である随順依処《ずいじゅんえしょ》とその現行としての引発因の活動によって六智等が起されます。一方でその【三】命増上・【四】意（発願）増上と【六】信・勤・念・定・慧の諸増上の持つ有為の存在の特別の力の処である区別功能依処《くべつくうのうえしょ》でも、定異因を働かせることによって威力神力の超人力を生起することになります。

ここでなぜ六智が具体的方法で出るのかと言えば、前後想等からの六智が発起するために四縁のいずれかの縁によってこれらの二十二増上の中の【三】【四】【六】などに念が込められ、心一境性の想によって生活・事業等の発展と充実の六智が働くことになるからです。

増上の用は事にしたがって多用であり、意《い》・受《じゅ》・信《しん》・善《ぜん》・勤《ごん》・念《ねん》・定《じょう》・慧《え》を自性としています。したがってこの増上縁によって六智を起す因は、価値的同類を起し、阿頼耶識のすべての種子を現行する随順依処にある引発因と、有為の自果結果を生ずる力を持つ区別功能依処と、作意・願を含む意増上と具体的信楽の信と勤と念と定の修行と慧の五増上です。

このように忍辱の究極である信を以て、前後想・上下想・光明想・昼夜想によって心一境性の定に入り、作意の種子が阿頼耶識に近づいて慧である般若を証得すると、その徳として六智が次第に成就してきます。念の力が相を取って、相を作れば、心はそれにより作意して生じます。

想は像を了じ、所縁（客観・認識される対象）に心をして種々の言説を発起する作用をなします。想は色《しき》・声《しょう》・香《こう》・味《み》・触《そく》等の相と名《みょう》を義に仮合《けごう》して尋《じん》（尋求《じんぐ》）と伺《し》（伺察《しさつ》）の因となります。尋伺《じんし》は具体的な言葉を起す十五の依処の中の語依処の随説因《ずいせついん》であって、直接原因であり意言にも通じ特殊な功徳と過失を弁別・簡択《けんちゃく》する慧と心が対象に作動する思でもあります。この尋伺の体性は深く所縁を推度しない時は思を体性とし、深く所縁を推度する時は慧を体性とします。静慮《じょうりょ》の体である心一境性は尋《じん》と伺《し》と喜《き》と楽《らく》を具しています。

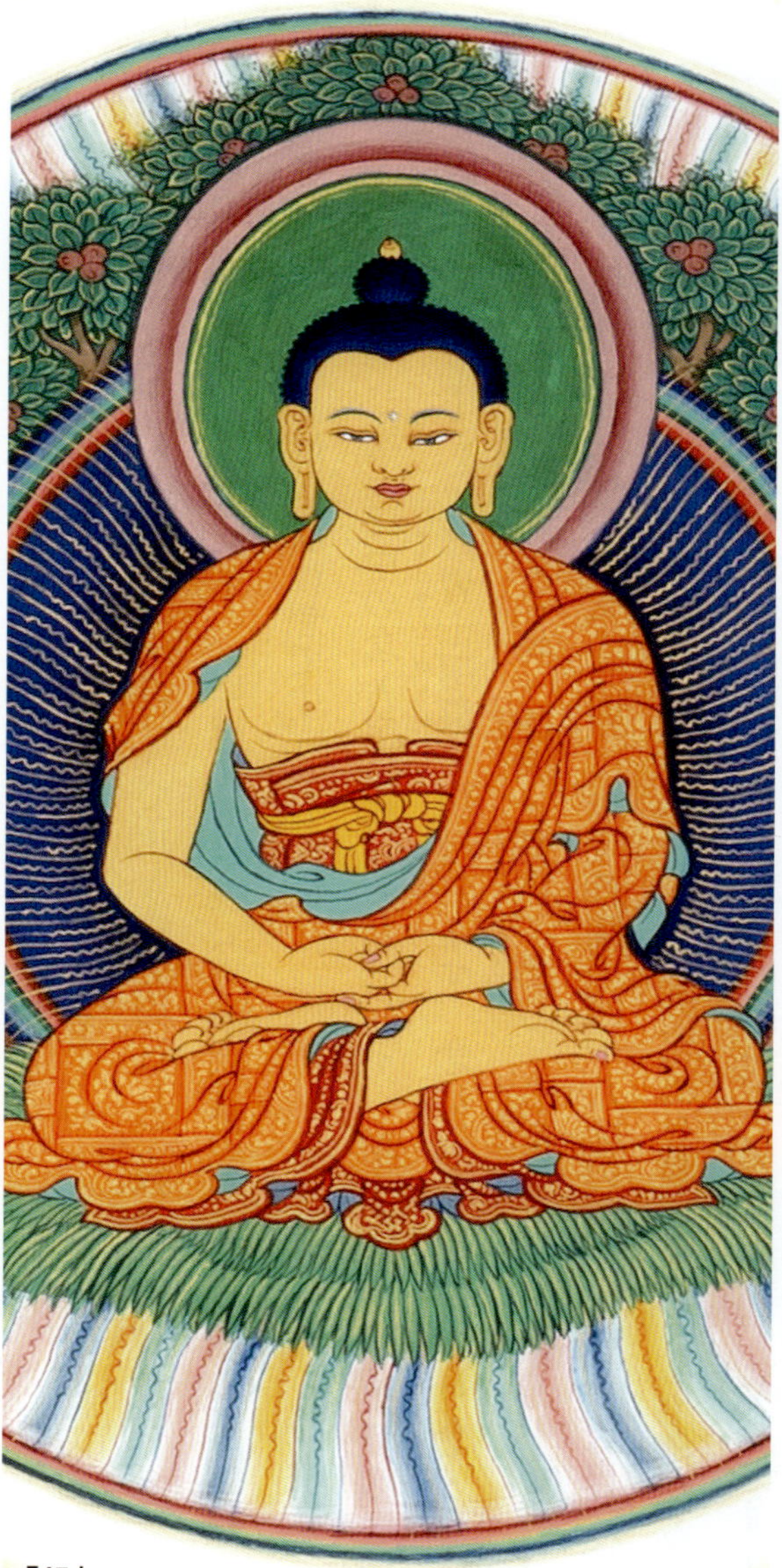

「想」

この五受増上の喜と楽、さらに苦と憂の悲しみ慈しみと我を捨てる捨の利他行によって成就する心一境性は定の自性で止と観を均行して寂静《じゃくじょう》に審慮することで、心を一境に止住《しじゅう》する状態です。止の所縁の境《きょう》（六根六識の働く対象）は上下想であり、観の所縁の境は前後想です。

この定は二十二増上の中の念・定・慧に収められて、増上縁として摂受因・引発因などの種子として修習士用果《しゅうじゅうじゆうか》を現行します。念は憶念であり、称念・念佛の念であるので、五念門《ごねんもん》の礼拝《らいはい》・讃歎《さんだん》・廻向《えこう》であり、作願《さがん》は止で、観察は観です。

作意と利他の願についても、発願《ほつがん》は法蔵菩薩の四十八願のように、人は常に種々願いがあって阿頼耶識そのものも作意の如く各願の成就を願います。意生身《いしょうしん》たる阿頼耶識である法蔵菩薩と同じく、自らの願が引発因などとなって六智を発起します。

これらの前後想等の止観と二十二増上の中の六智の働きを促す各因並びに各依処は因縁として結んでいますが、増上縁の引発因・定異因などの本有《ほんう》と新薫《しんくん》の種子の縁の根本的依処は阿頼耶識で、二十二増上の意根や念・定・慧によって日常の六世間処を増上縁の場として利益を発展し転開させます。

現実に世間で暮らしている凡夫一般人は種々様々な生活・仕事・事業の中で夫婦家族の生活そして社会の変化の状況を見極めながら、皆無事で平和でほがらかで明るい日常を望んでいます。そうした暮らしにおいて心の平安・安定の為に祖父母等や先祖の供養をし、自覚がなくても自らの先祖以来の生命の流れを立ち位置と定めてきました。

遙か永遠から維持されてきた生命の流れと共に生きる苦難の中で、安心と安定と幸福を得るために廻向・供養・善根を無意識に感じ、先祖への奉仕と感謝をしてきています。それはまた家族・社会の人の為に利他の行いをすることと、自らの離欲・解脱・摂生をしていることにもなります。

その為の方法として、後述の十五依処《じゅうごえしょ》の中の摂受因の作用と、人の行為をする士用と、真実を見る智の増上によって正覚の触證に近づきます。加えて阿頼耶識の種子を顕現させて現行化する随順依処が無為を起す引発因となります。さらに自らの結果を生ずる特別な力を持って、有為の自ら果を生ずる定異因が問題解決へと向かいます。そこに悟り・正覚を求める発願と正念に頼って六智が共に働き生じます。それによって世俗の問題が解決へと到ります。

このように増上縁による作意と願いを起し、前後想・光明想等の称念・意念修習を信と精進によって行じ、随順依処・有潤種子依処《うにんしゅうじえしょ》・区別功能依処などで引発因・定異因・生起因の根源の阿頼耶識種子を警覚します。このような心・意・識の願・思念の種子・ニューロンの動きは相互的で心の内部を動き、また川の流れのように落謝し、また阿頼耶識に還ります。そして未来の諸法・諸行・環境・人々の世界から落ちてくる習気・薫習によって日常を豊かにし人生を豊かにし、本当の智慧が出てきます。

十五依処《じゅうごえしょ》

すでに触れてきましたが、十五依処は、必ずしも適切でない点はあるものの、仮に脳の分野部分に近いとも考えられ、その働きの中で

（一）語依処《ごえしょ》は、言葉で表現することで、仮に現代の左下前頭皮質、ブローカ野、頭頂葉、前頭葉、ウェルニッケ野の脳分野に推定すれば、法によって思想し、言語化して諸法の随説の因の依処で天耳智に関連します。

（二）領受依処《りょうじゅえしょ》は、苦楽などの感情を受けて作用する後頭葉視覚処理などで、対象を受ける感覚の観待因《かんたいいん》の依処とも考えられます。

（三）習気依処《じっけえしょ》は、阿頼耶識である根本意生身に蓄積している未だ成熟していない種子が、すぐに自果を引かないけれども、浄・不浄の業の薫習である種子を引

き出す牽引因《さくいんいん》の依処です。それが阿頼耶識の中の経験保持の所依《しょえ》の作用の習気を引きます。業を引くので天眼智と共にあります。

(四) 有潤種子依処《うにんしゅうじえしょ》は、阿頼耶識(意生身)の中の成熟した種子が潤うことによって種子が所潤《しょじゅん》され、有為法の結果を引き起こす生起因の依処です。それは有潤種子の因の依処に生起因の場が施設されることで、欲界《よくかい》・色界《しきかい》・無色界《むしきかい》につながる法は各自の名言種子《みょうごんしゅうじ》より生ずるので、願いの場合はそれを能潤《のうじゅん》と名づけ、種子は所潤となります。この所潤の種子によるので、先に牽引せる格別の自体を当《まさ》に生起します。業を感生の因と為して、願いを生起の因とするのです。この故に有潤種子の依処によって生起因の依処を施設します。

(五) 無間滅依処《むけんめつえしょ》は、一刹那前に滅した心の総体(無間滅意)で、四縁の中の落謝等の等無間縁で前後想につらなる摂受因の依処とされます。

（六）境界依処《きょうかいえしょ》は、心の認識（思念）対象の摂受因の依処です。

（七）根依処《こんえしょ》は、眼耳等の六器官の摂受因の依処です。

（八）作用依処《さゆうえしょ》は、物を切るなどに使う各道具の各作用、働き、動きの摂受因の依処です。

「脳内依処」

（九）士用依処《じゆうえしょ》は、物を切るなどの行為をする人の作用（作業）や農業・商業など世俗の仕事で、神境智の働きの摂受因の依処として増上縁によって、領受・士用・作用・和合・不障礙の五果の中の士用果を出します。

（十）真実依処《しんじつえしょ》は、真実をみる智慧の場所で、増上縁で真実の見・随順・区別功能・和合・不障礙の離繋無為果《りけむいか》を出す摂受因の依処です。

このように（五）から（十）は摂受因で、心心所の等無間縁（落謝）と、心心所の所縁縁と、心心所の六根と、作具《さぐ》の作用と、種子を除いた残りの現在の縁の総称でもあります。

（十一）随順依処《ずじゅんえしょ》は、価値的に同類（善なら善、無記・悪も）の現行種子を引き起します。この習気随順の因縁の依処で、五果の中の異熟果《いじくか》と等流果《とうるか》が施設されます。随順依処では阿頼耶識の中のすべての種子と、それから生じた顕在的な現象（現行）すべての引発因があり、無為も引き起すので、その善無為は六神通を引き起す因となります。引発因は初めの種子より生起するところの果と、後の種子の牽引するところの果を望むことです。引発は広い見聞と力を要約略摂して諸々の功徳を成弁します。そして引発は禅定波羅蜜多《ぜんじょうはらみった》の中の神通を引発する自在なる清浄で、思現観《しげんかん》以外の五の現観（有漏・無漏の慧で現前明了に観ずること）が六神通の功徳を引発します。八種所作の中の引発神通とは、造作（造業作用）の中の引発が神通を造作することになります。造作とは業であり、行為をすることです。この業について凝思《ぎょうし》十念を考えると、凝思は思いを凝らすことで、思は身口意の三業の体であるから造作をすることです。そして造作は具体的には前後想・上下想・光明想・供養・廻向・利他行・称念・読誦・法要の実行で神通威力を引発します。

（十二）区別功能依処《くべつくうのうえしょ》は、有為の作用の（一切の現象的存在等）として、柿の木からは柿の実がなり、りんごの木から柿がならないように、自ら自果を起こし、自ら結果を生ずる特別な力（功能・力・作用・働き）を持つ場所です。有為法の各自の果をよく起し、よく證する区別勢力の定異因の依処です。また造作・称念することで異なった結果も定異因を刺激して六威力神通という果に換えます。

（十三）和合依処《わごうえしょ》は、領受依処から区別功能依処までの十一の因依処が果の中に和合して一つになる生得成弁の和合する場所で、感覚と結果の証をまとめる現実・事実の働き（事業）であり、観待因から定異因まで、すべて生住などを同事に成ずる因であるので、六智が六神通として現実に働き事業の中で役立つようになります。

（十四）障礙依処《しょうげえしょ》は、果の妨げとなって相違した果を生ずるものです。生老病死等の四事を能く障礙する法で、邪魔・障害・不生等の相違因の依処です。

（十五）不障礙依処《ふしょうげえしょ》は、無障礙で果を生ずるに妨げとならない分野の不相違因の依処です。次の異熟果と等流果と離繋果と士用果の四果以外に、語依処・境界依処・根依処・障礙依処等により十因全体の増上果が施設されます。

十因《じゅういん》

そして因の依処は、阿頼耶識たる習気・種子に、宇宙と人類の始めからの種子と、遺伝子などの人間として生まれて進化している間の願いなどの種子と、未来の種子がおさまり、人間の尊厳と生きる命とエネルギーと生きてきた大切な経験と、そこに宗教的体験が蓄えられて、経験・記憶は忘れても、人間として最も大切な種子は驚悟して目ざめ、いざとなると顕われて救いとなります。人としての宗教体験の本能の依持《えじ》の因が生きる支えとなっているのです。そして因たる種子の内、発願・作意・思念の種子こそ、法蔵菩薩の四十八願のように、阿頼耶識たる意生身が起す発願の種子として往生の時に現行して、六神通の成就によって顕現し、還相して現世の人々に対して利益が果たされるのです。これらの因縁はどこから来るか。それは本有種子（無始以来人が持ってきた種子）と新薫された習気・有潤種子（新しく現世で薫習された種子）です。そこで十因は

㈠ 随説因《ずいせついん》は、語依処を依り処として、人は思と想と考え、概念などによってあらゆる物に名前をつけて言語を起しますが、それを見聞によって判断思惟して説くことです。

㈡ 観待因《かんたいいん》は、見て期待する領受依処において、苦楽など感情や感受作用によって相手・対象を受け入れます。飢の感情から食を求め注視するようなことでもあります。

㈢ 牽引因《けんいんいん》は、習気を依処とするので、阿頼耶識の中でいまだに成熟していな

い種子を蓄積し、浄と不浄の業の薫習で愛・不愛を引き起すもととなり、種子がいまだ成熟していないのですぐに自果は得られませんが後の時に自果を牽引します。

(四) 生起因《しょうきいん》は、有漏無漏種子の依処である阿頼耶識の中で成熟した種子が、能潤されることによって愛欲などとして所潤されて生起します。その種子は生じ始める芽のように有為の自果を形成していきます。

(五) 摂受因《しょうじゅいん》は、大地に降り注ぐ雨が植物の芽吹きの因となるように、一刹那に滅した心の総体が出る無間滅依処と、認識対象である客観対象物を認める心の依処の境界依処と、眼耳鼻舌身の受感の器官の依処と、作用の働きそのものの依処と、行為をする人の作用・作業を生ずる依処と、真実を見る智慧の生ずる依処とにおいて、人の心と作用すべての縁を具体化する因となります。

(六) 引発因《いんぽついん》は、価値的に同類となる阿頼耶識の中のすべての種子を顕現させる現象を起す因で、無記善悪の現行種子を引き、喜楽・得果・離欲などの八種の所作（行為）の中に引発神通があり、善・不善などの造作・作用十二種の中にも神通の引発があります。思現観以外の五の現観（明了に観察すること）が六神通の功徳を引発して無為法をも引き起します。

（七）定異因《じょういいん》は、自らの結果を生ずる特別な力を持って有為一切の現象の自果を起す区別功能の依り処にあって、起きた結果を区別し、作用の各自の果を證し確認を生起します。

（八）同事因《どうじいん》は、領受依処から区別功能依処までの脳の分野である因の起きる依り処の果をすべて一つに和合してまとめる現実・事実の動き・事業であって、観待因から定異因まで皆を生じ住させることを同事に成じます。

（九）相違因《そういいん》と**（十）**不相違因《ふそういいん》は生等を障礙・無障礙することです。

五果《ごか》

このように十因は結果として、一異熟果《いじくか》、二等流果《とうるか》、三離繫果《りけか》、四士用果《じゆうか》、五増上果《ぞうじょうか》を起します。異熟果は阿頼耶識の種子が現行して別の姿形である果に変わることです。等流果は前と同じ似た果になります。離繫果は八聖道など各修行によって煩悩を滅します。

農業・商業・財利・書画・製造・AIなど各種の稼穡などの事業の結果を成就するのは士用果で、現実生活の具体的解決になります。感覚器官や意識など身体生命や生活を守り続ける命根などは増上果です。

この中で悟りを求める上求菩提《じょうぐぼだい》の強い作意と利他の願いと意志によって士用依処と真実依処において、正法聴聞し如理作意をする摂受因と、涅槃を證す引発因と、神通を起す定異因と、不相違因と更に随説因・観待因・索引因・菩提分修の生起因を前後想等の瑜伽想で修習します。

そうすると離繋果と眼増上・意増上・命増上の増上果が得られ、阿頼耶識の本有・新薫種子の転変する異熟果と、思念と希望と善根と功徳の果と同じく類似する等流果に到ります。これらの果は天眼智・神境智・天耳智・宿命智・他心智そして悟りの無漏涅槃《むろねはん》の漏尽智そのものとなっていきます。


この五果は現実の活命に適合しますが、ここでまず具体的事業に関わりの深い士用果を見ることにします。世間世俗の生活において、このようであったら良いという希望や願い、そして思いの意識・末那識・阿頼耶識を動かすことで現実生活の具体的な利益を願います。

すると士用依処で、思念が現実の中で随一の工巧業処《くぎょうごっしょ》によって士夫（人）の用を起します。即ち世間の行為・仕事の事実を起します。すると阿頼耶識を含む索引因や生起因などの十因すべてが起きてきます。

ここまで現実の世間で自分が置かれている社会生活の場として六世間処を見てきました。六世間処の中で前述の仕事即ち事業についても、社会変化や現況の中で新しく仕事の業体を換えざるを得なくなってしまうような因縁が起きたら、現状の社会対象を具体的に観察すると、希望や願いなどが起きてきます。

そこでどうすれば良いかと思いを巡らして、環境と自分の出来ることを二十二根の中の意増上で見て、さらに深く考え、深層の奥底まで作意し、思念を巡らします。五受根の感情が本当に本能的に納得するまで苦しくても考え、無駄な考えを剃り削って、何を目的に、何の為に、誰の為に具体的行動として何をすれば良いか時間を惜しまず検討します。そして自分の出来ることについて集中し、前後想・上下想・光明想の心一境性を修習します。

この三想を行ずる場合に、先に述べたように、前後想では過未現と縁生、生死などを思念し凝思し、上下想では頭から足までの身と内心に思いを凝らし、光明想では両者を含んで称名念佛によって、(一) 六世間処と、(二) 無量寿・無量光佛の清浄像《しょうじょうぞう》を思念し、心一境性の凝思をします。思うことは念でもあり、願と意志と意業《いごう》の体であるから身《しん》・口《く》・意《い》の三業の本体です。

この称名念佛口称の行為を続けることによって六世間処と光寿無量の佛への凝思を成就させ、随順依処・区別功能依処で引発因・定異因を起こして現世六智と五果を得ます。

その三想の中で十五依処の内の人の行為に関する士用依処と真実依処の心と思と脳分野を働かせて、根源の阿頼耶識の種子を現行させ、今までの仕事・事業と同じ継続をする随順依処にもとづき引発因を起すか、あるいは他の仕事の区別功能依処で別の仕事と結果を起す定異因の種子を生起するか、それらを統合的に合わせる和合依処によって新しい仕事を思いつく同事因を生ずるか、これら十因を生起することによって六智が現行して天眼智・神境智や他心智等に到って自らの納得する事業へと到るようにします。

このように家庭・家族の悩みや、仕事の決断の必要な時に、瑜伽・三昧の修行を勤勉に努力し、称名念佛の中に光明想・前後想・上下想・楽想・軽想を含んで修習することで、人間の永遠からの無限の可能性と創造力である六智が自らの中に生起します。

それは十因・十五依処・二十二増上・四縁が具体的に心の中で起き働く状態で、既に述べた各働きがそれぞれの状況の中で選択され、必要にあった働きをします。

その活命・事業の中で、意増上として思念と願と作意などを起こして士用依処の働きを起こします。そして、正覚を求める心（離繋《りけ》）と利他の願いと具体的に問題事に対して如理作意を思念します。

それらが光明想等の中で常に凝思称念を継続して、五受根の感情の中で人の楽苦喜を感受し、憂を慈悲に換えて、捨による利他の楽と喜などから引発因や定異因、同事因などを生起して、意志や思いからそれらを凝思し、そこから修習の五果である智慧を降下させます。そして悟りに近づき、證得と作意から警覚に接する世俗の智である清浄浄土の佛の神通智の威力を呼び起こします。

そしてこの凝思心一境性の内容は世俗世間を対象とする

一、現実社会観察
二、夫婦家族
三、活命・事業
四、心意識
五、離欲利他
六、前世先祖供養
七、前後想
八、上下想
九、光明想
十、六神通　　です。

「六世間処・三想・六神通の凝思」

こうした実質的実践の中での心一境性（三昧・三摩地）の念佛として、願いと希望と作意に思いを込めて称名念佛します。ここでの意増上は、阿頼耶識である意生身・霊魂を含み、現実のクロスモーダル現象の作用も考慮し、さらに楽・苦・歓喜の感情も入れて、人々の悲しみ憂いに慈悲と、自己の利を捨て利他の行の増上を含めて、前後想等の観察・人のいとなみを含んで修習します。

一方で浄土への凝思十念は『無量寿経』『観無量寿経』『阿弥陀経』の想のように、極楽浄土にましまます阿弥陀佛の聖なる姿に思いを込めて信楽の十念をします。そこに加えて、佛の他力本願への強い信楽と至誠心《しじょうしん》・深心《じんしん》・廻向《えこう》発願心《ほつがんしん》を持って、おこたりなく勤め、口称念佛と三昧をすることによって極楽往生し、悟りへの離繋果と活命・事業成就の士用果による命根の活性化と成就が入ります。そうすると漏尽正覚と現実生活の成満が前述の理由で後に自然に六神通として働きます。

「観無量寿経大曼荼羅」享保五年制作・西方寺蔵

そしてさらに具体的実践・日常修養として、称名念佛を行じ、佛壇での礼拝《らいはい》勤行《ごんぎょう》の三昧と生死の宿命の明瞭化と、凝思の中の三想の縁生・因縁の具体化や、相と姿や形への集中と、自他の先祖の供養をいとなむことによって、身近な神力威力の遊戯《ゆげ》へ入ります。

そこでこのような次第で凝思十念をすると二十二根の増上・十五依処・十因によって心内本源より自然に引発されて生起してくる六神通について、次から触れることにします。

「極楽図」西方寺蔵　仏師：ケサン・ロドェ

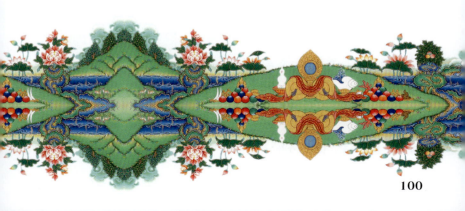

五

六神通《ろくじんづう》と意生身《いしょうしん》

既に天眼通が三明の一つであると述べましたが、これはヴェーダの三明にならって古い偈の宿命通・漏尽通を合せて、天眼・宿命・漏尽の三明に纏められたものです。その後さらに時代が経つと、神境通《じんきょうつう》・天耳通《てんにつう》・他心通《たしんつう》が加えられて、六神通として成立されてきました。ここでは六智を六神通として扱います。

釈尊在世の古い時代には前後想・上下想・光明想から直接に結びつけられていなかった六神通が出てきたのは、経典を読誦・編纂した当時にあった民衆の要望・世俗生命力・事業・意識の展開と発展に実際に役立つ具体的発想を呼ぶ佛教内の思想形成の要求と、佛教を具体的に布教する時代の要請とがあったと考えられます。

現代も佛教に対し科学技術・脳科学・心理学やグローバルな社会的人間的選択の要請があります。

これから六智とそれが現代の人々にも役立ち利益を与える六神通の解説、六智が生ずる理由、念佛・止観などの方法等を述べることにします。

ここで再検すると佛菩薩の威力（神通力）は悟りから自然に出るもので悟りの修習の中に含まれていますが、神足相応のようにその威力を目的として修行するものではありません。

そして智と通の違いについては、慧の中に智（確かに相違ないと決断、決定する作用）と忍（認可の意で、認めはするが決定には到らない確認作用）と見（推理等の求の作用で未決断の推測作用）があり、この智を含む慧の働きとして通があります。

通には智よりさらに具体的実際の社会的働きがありますので、ここでは世俗智を超えて完成した智慧の働きを神通として六神通を説明します。

神境通《じんきょうつう》

まずは前後想・上下想・光明想等に依止《えし》した上で、軽想と楽想と空界想と身心符順想《しんじんふじゅんそう》と摂受する所の勝解《しょうげ》の修習の成満する想とを神境通として『瑜伽論』のようにまとめます。

南伝大蔵経では以下のように変化《へんげ》・化作《けさ》することについての文が多く見られます。

「一身にして多身となり、多身にして一身となり、或は現じ或は隠れ、牆壁山崖《しょうへきさんがい》を過りて礙《げ》あることなきこと虚空に於けるが如く、地中に出没すること水に於けるが如く、水上を行きて壊れることなきこと地上に於けるが如く、虚空に於いて結跏趺坐《けっかふざ》して行くこと飛鳥《ひちょう》の如く、大神通・大威徳あるこの日月を手を以て捫摸《もんぼ》し、乃至梵世に至るまで身を以て威を及ぼす」

この変化は神変《じんぺん》の変化（ニルマーナ）のことで、菩薩や普通の修行者が一身から多身・

分身・化身《けしん》・権化《ごんげ》・化作《けぶつ》などをして、身体的に別の製作・製造物を作ることです。

大乗佛教の『観無量寿経』の第九真身観文《だいくしんじんかんもん》に、化佛《けぶつ》について、

「かの佛の円光は百億三千大千世界のごとし。円光の中に百万億《ひゃくまんのく》那由他《なゆた》恒河沙《ごうがしゃ》の化佛あり。いちいちの化佛にまた衆多無数《しゅたむしゅ》の化菩薩あって、もって侍者とせり。その光明および化佛、つぶさに説くべからず。ただまさに憶想して心眼《しんげん》をして見せしむべし」

と述べています。以上が観経の化佛です。

神境通は神足通とも言われ、これは身体と心を自由自在に変化させることです。心・意識の働きは学習や記憶などを向上させ、身体も練習などで熟練することがあり、釈尊は脳も身体能力も限界まで強く働かせたことが記されています。ま

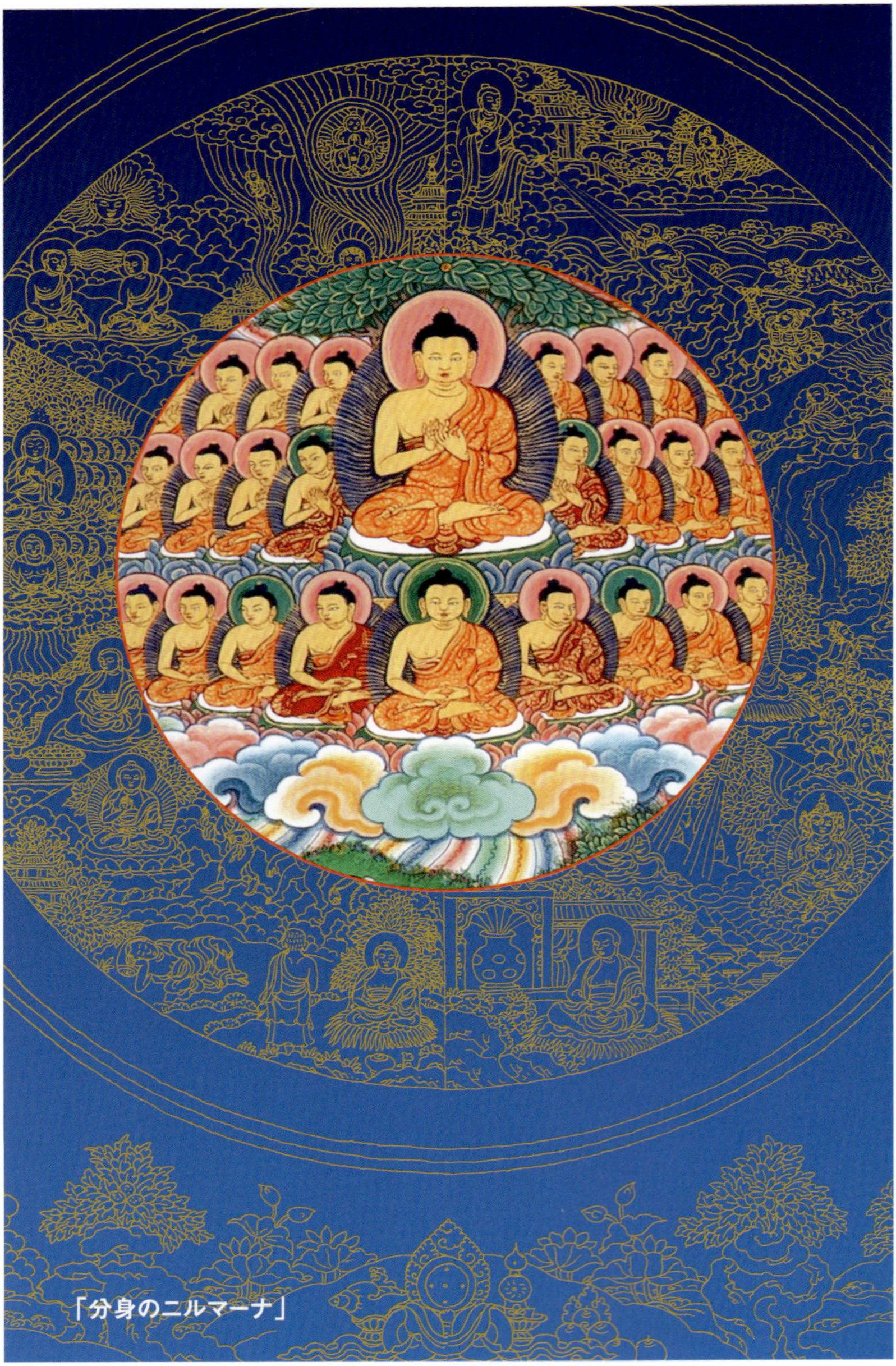
「分身のニルマーナ」

た訓練により肉体を強くすることは、人間の持っている肉体的潜在能力を表に取り出し、端から見ると超能力に見えることもあります。

さらにリハビリなどによって普段働いていない肉体・神経などが代行して各能力を強くすることもあります。またこれらは人にとって超能力のある身体を持ちたいという憧れであり、夢や希望でもあります。しかし人は身体の代わりに頭脳を働かせて、空を飛ぶのに飛行機を作り、地下は地下鉄、水上は船を作り、月へはロケットで到着しています。

さらに人には自分の別の面を見せたいという願望もあり、自分を他の見方や方法で見せたり、芝居や演劇のように別人・別人格を演ずることもあります。

人は一人一人異なる能力を持ち、それぞれの能力を発揮して方法を工夫して伝えたり、互いに補い合い、交換するなどして新たな表現を生み出します。そして人の肉体的能力の可能性は無限に拡張します。

この神境通は心の働きにおいてイメージ・想像・仮想を作ることにも注目していて、意識の作る無限の空想力の中で自らの心に自身のイメージ、意識から生じた身体（アバターラ）を作り、さらに転じて深層の意所成身《いしょじょうしん》（マノーマヤ・カーヤ、意生身）も作り、活動させます。

または人は何か突き抜けたい時、あるいは解決したい時などに、もし自分にこういう歴史上の人物と同じ力があったら、身体がスポーツ選手のように強かったら、憧れのスター・なりたいヒーロー・音楽家・画家のようであったらと夢を作り空想しイメージを造り、場合によっては目的とし、または努力して夢を果たします。

神境通はこの空想・夢想・仮想も、佛の神変教示《じんぺんきょうじ》のアバターラ即ち降臨・降下のように、佛が悟りから降臨して令入《れいにゅう》するように神境智によって悟りへ趣入（令入）させることに利用します。

他人の心を推知する同分智《どうぶんち》によって、他人の心にその人の身、意識から生じた

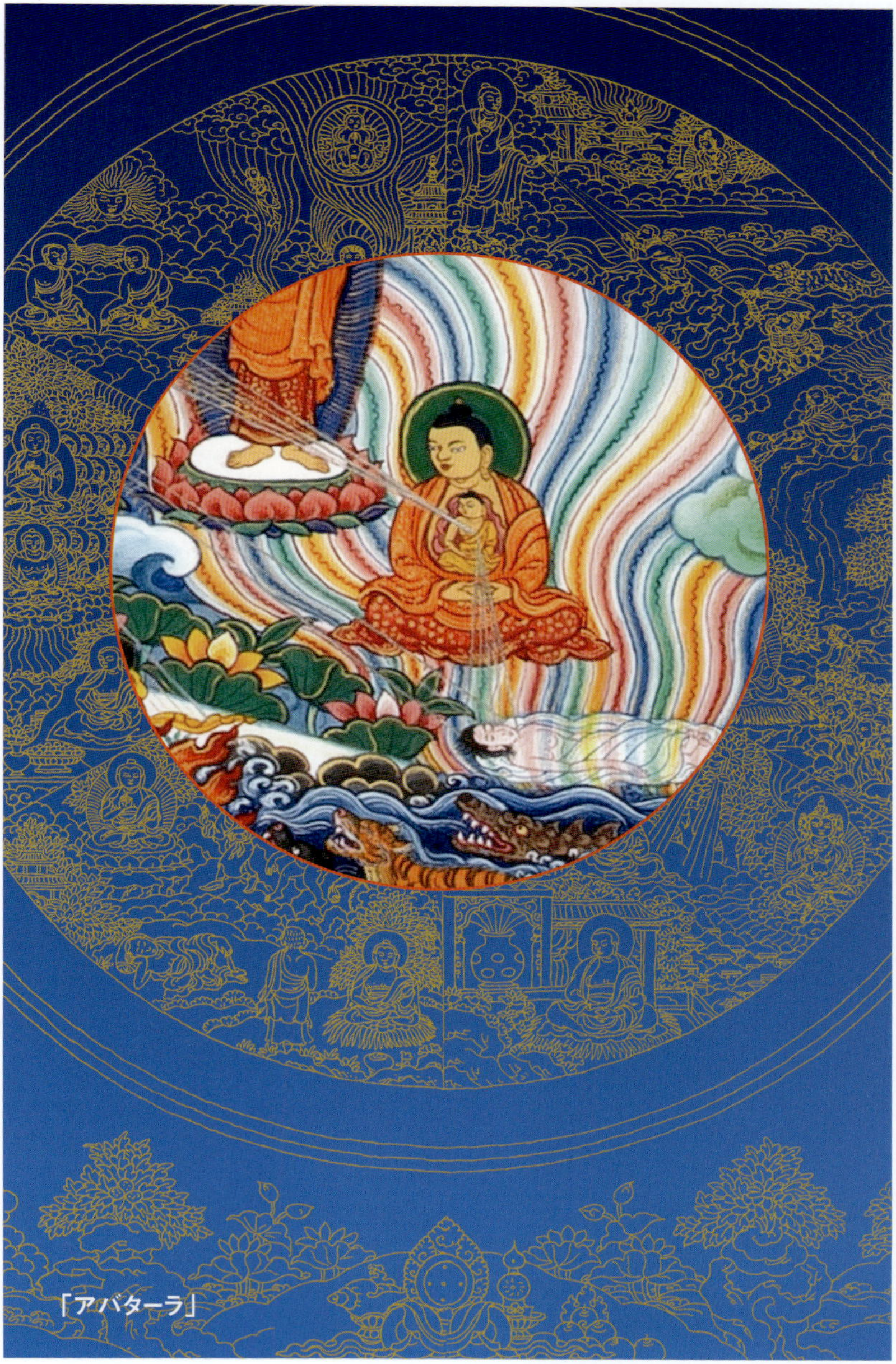

「アバターラ」

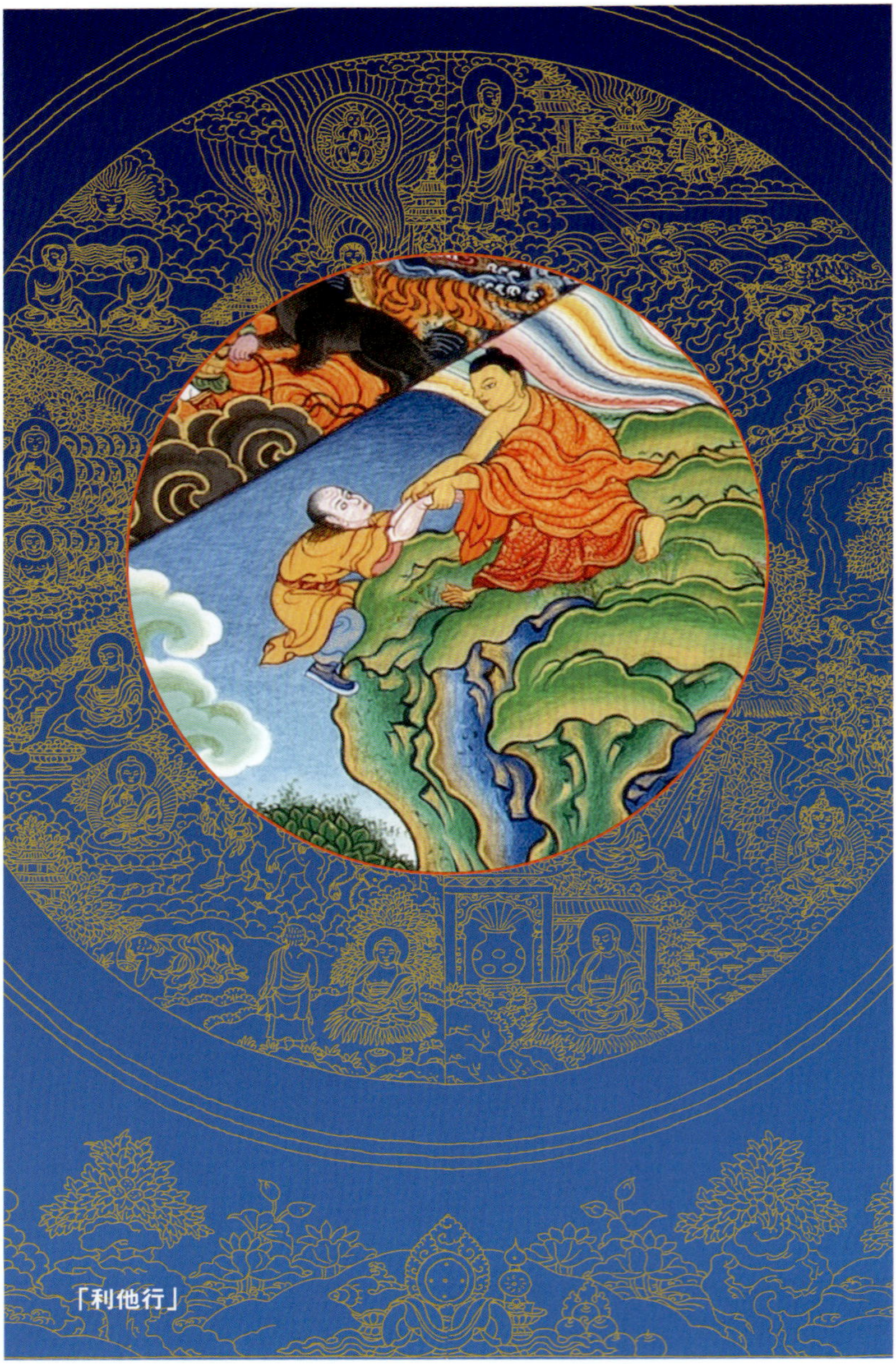

「利他行」

意生身（意所造身）を想像させてそれを活動させることも出来ます。
降臨（アバターラ）は心意識によって宗教的変化や佛の教導、趣入の顕示をします。

前後想・上下想・光明想の三昧の力の中で、この神境通の想像力の世界を自在に行えるなら、正覚ならびに現実の事業の実際の行為が出てきます。それは人の持つ本有の種子たる意言の無限の可能性に自信と確信を与え、心の想像力は人生に救いと希望を与え、それは修行方法の止観、釈尊の体験、教え、そしてその無上菩提に令入させ、神通引摂・浄信を得た増上力で佛教へ度する修行の位階や人の趣入の依処となります。それらによって現世のすべての実際の出来事に及ばせます。

この如く前後想・上下想・光明想等で肉体と心の威力（神力）を成就すると、智慧と神通を以て自在を得ることになります。そして前後常に想行し、前も後の如く、後も前の如く、昼も夜の如く、夜も昼の如くならばその心は開悟して、覆蓋《ふくがい》あることなく、明了を修行して、身を以て心を摂定せしめ、心を以て身を摂定せしめ、楽想・軽想の挙身行《こしんぎょう》を成ずることにもなります。

この楽想・軽想と身心符順想は身心のリラックスをもとにします。そして、身を以て心を摂《しょう》し、心を以て身を摂すこれらの身心符順の定想《じょうそう》は、心身を以て具体的に上の人に対して正しい尊敬と敬う振る舞いをすることにもあります。譬えばそれは長老の鉢を代わりに持って乞食《こつじき》へ行き、絡を以て鉢に成り、いっぱいに盛って差し上げるように、心と身をもって長老を尊敬することです。このような利他の行為が無我・無心・無欲・無明滅《むみょうめつ》・不放逸《ふほういつ》・清浄心《しょうじょうしん》の状態を自然に行ずることにもなります。

肉体的修行とメンタル的修行で身心の楽を得るには、譬えば炉で鉄丸を熱すれば軽く軟らかく堪任《かんにん》・清浄となるように、如来の行ったとおりに身を心に摂し心

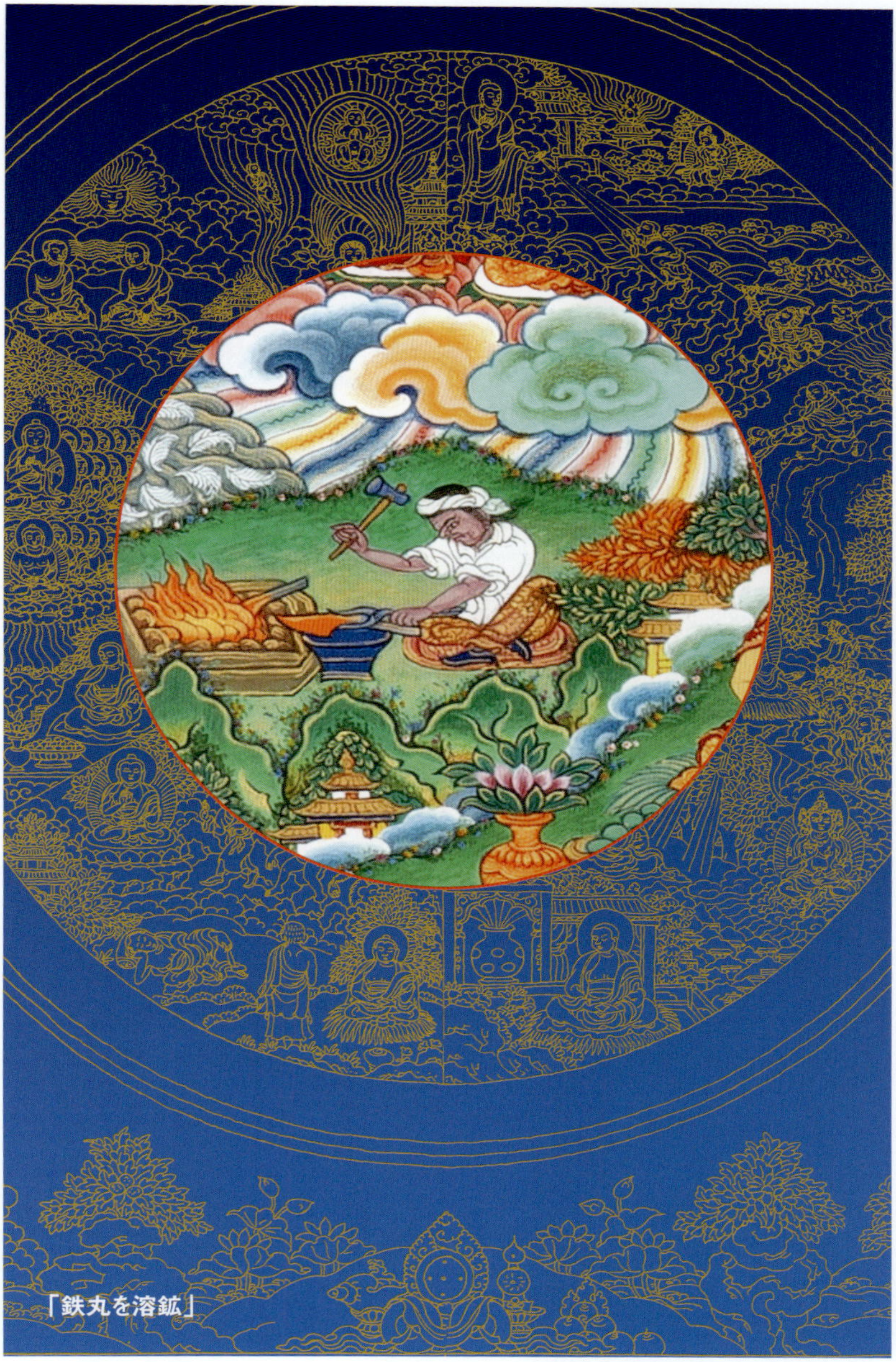

「鉄丸を溶鉱」

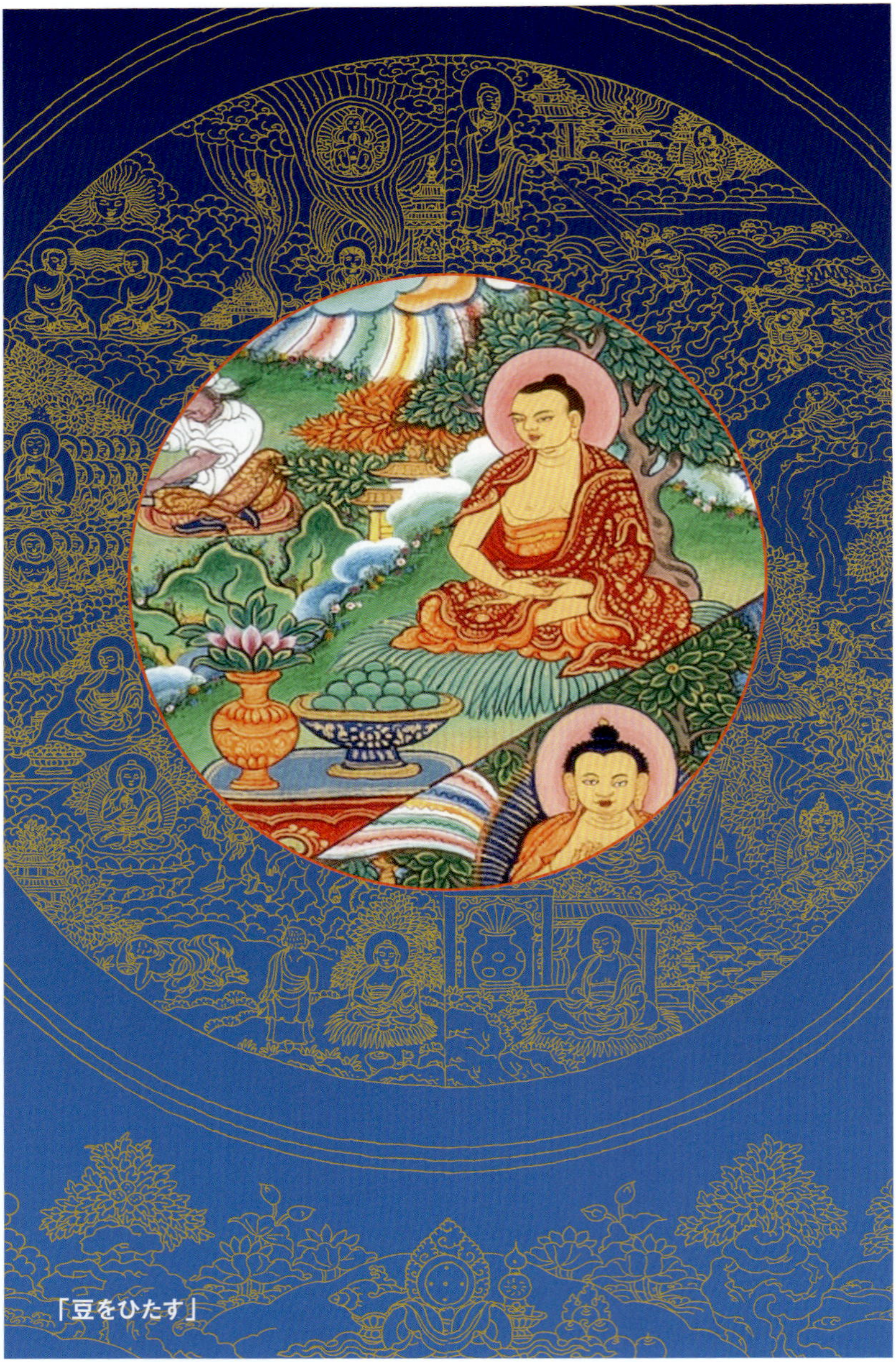
「豆をひたす」

を身に摂し、楽想・軽想を身に置きて住すと、その時、身は軽く軟らかく堪任・清浄となるのです。身を煩悩の無い喜楽の水で満たし、沐浴する者は、豆を桶の水にひたすとあくが抜け適当に柔らかくなり、おいしくなるように、その比丘の身も煩悩を出し尽くした喜びに入ると生死の欲を離れて楽になります。

この味のように利他の喜びを生む憶想の状態となるのは、実は心の根源の意生身をもってそこから感受して根源的リラックスしているからであり、これを楽想といい、また想そのものが楽しい気持ちになることからも楽想と名づけられています。また身の軽い状態を思惟してその軽さを知り、羽や綿が風で飛ぶように感受して、それを不放逸に観じて定を得て、心をそこに任さしめて地を離れるように念想して身で受け入れます。それをまた意生身で感受する想を軽想と言います。

「軽想は羽や綿が飛ぶ状態」

意生身《いしょうしん》

そこで前述の意所成変、即ち人の根源からの阿頼耶識である意生身（霊魂）を具体的に起そうと望むなら、牽引因・生起因・摂受因・引発因・定異因・同事因などを働かせて心の自在を得ます。

そして意生身は生命の暴流《ぼうる》の中で、悟り・安らぎ・アイデアなどを生み出します。その為の具体的な心の修法内容は、前後想・光明想・上下想を修習する中で、まず自身の身内が空瓶の如くになるよう作意を起こします。

自身の身内の空洞になった中を光で満たし、自分が望むように自らの姿形（アバターラ）を変化させ、その姿を思い描き入れるにしたがって、まさにその変転を成ずべきであると作意します。

既にその意識を転じ終り、光の次に生ずる智を以てそれを因とし依り処とします。そしてこの意と想によってまさにそれが出来上がり成就すべしと作意し、また他の似た相を描くにしたがっていずれも出来るようにします。

この方便を以て多くの変化を作り、変化を作り終わると、行を成じます。変化した意生身を以て、現世での自身を作意で変化させ、その次の現行の形を自在に作れるようにします。その随意に造る所の一切の意生身は、身体や物の姿を

「意生身」

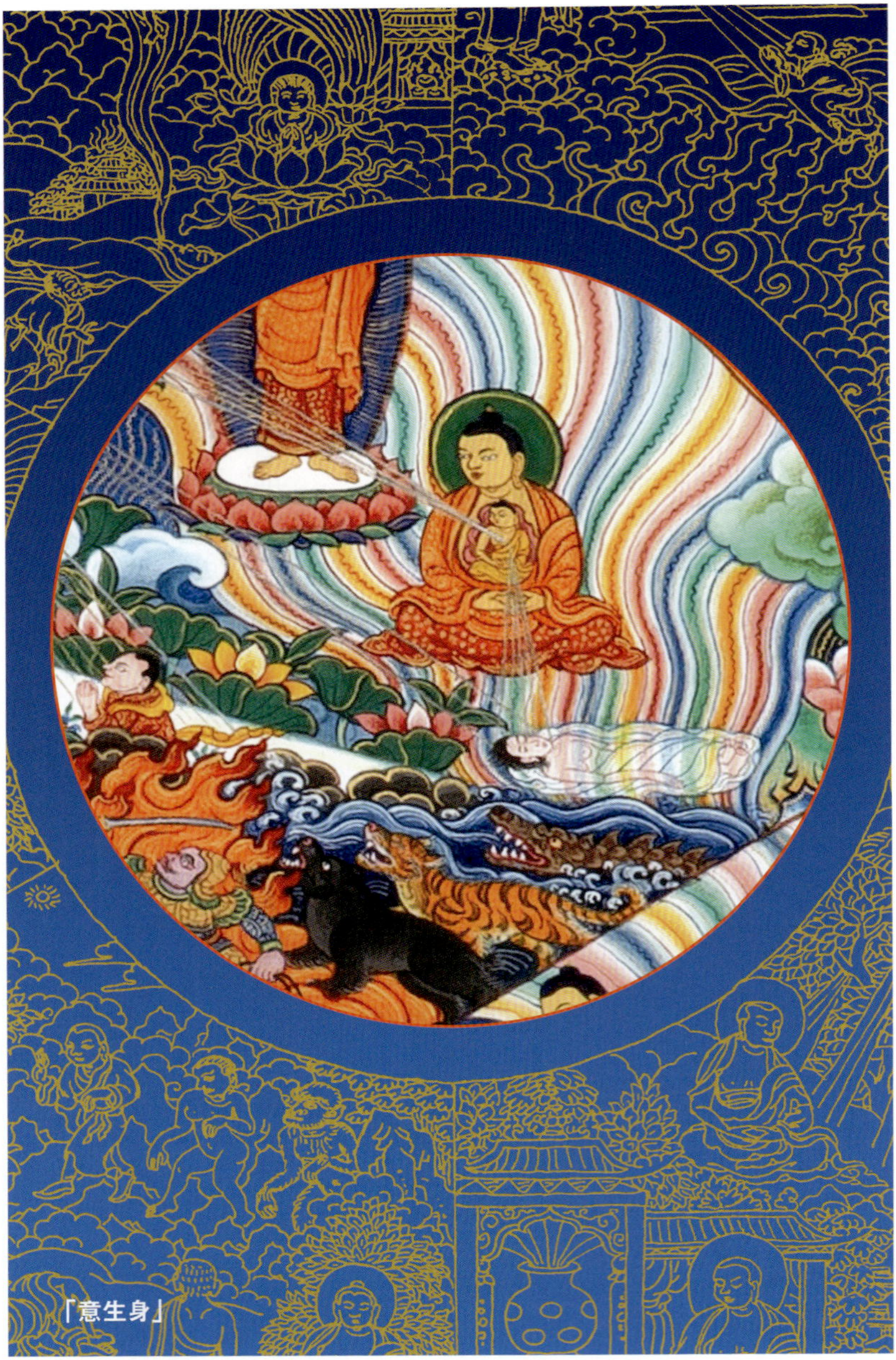

「意生身」

すべて具足し、意生の故に諸根《しょこん》を欠いていない姿となって現れるのです。
この意生身をなぐさめる為に供養や法要などがあります。

釈尊も意所成身の神通力を以て意の如く梵天宮を往来したとされ、
『神足相応』の『鉄丸品《てつがんぼん》』では

「阿難よ、我は神力によりて
意所成身を以て梵世に至る」

と称しています。

供養

天耳通

目をつぶって（視覚断）聴覚のみに集中すると、自然の風や葉擦れの音、人の作る交通などの音や人の話し声などが聞こえてきます。時間が経つと多くの雑音がさらに広く遠くから鋭く聞こえて聴覚が研ぎ澄まされて、すべての環境に広がることがわかります。

また例えば勝れた絵画を見ていると実際は視覚で見ているだけなのに、画面の中から音声や音楽が沸き上ってくることがあります。過去の経験した音が実際に響き渡るように感じることもあります。これは身体内の記憶にある音の感覚と現在の感覚とが共鳴したもので、天耳通は上下想等でこのように身体の感覚の広がりを出して示す働きです。

そして人の声も良く聞こえるようになります。一方で心の声も過去・未来・現在の声として湧き出してきます。

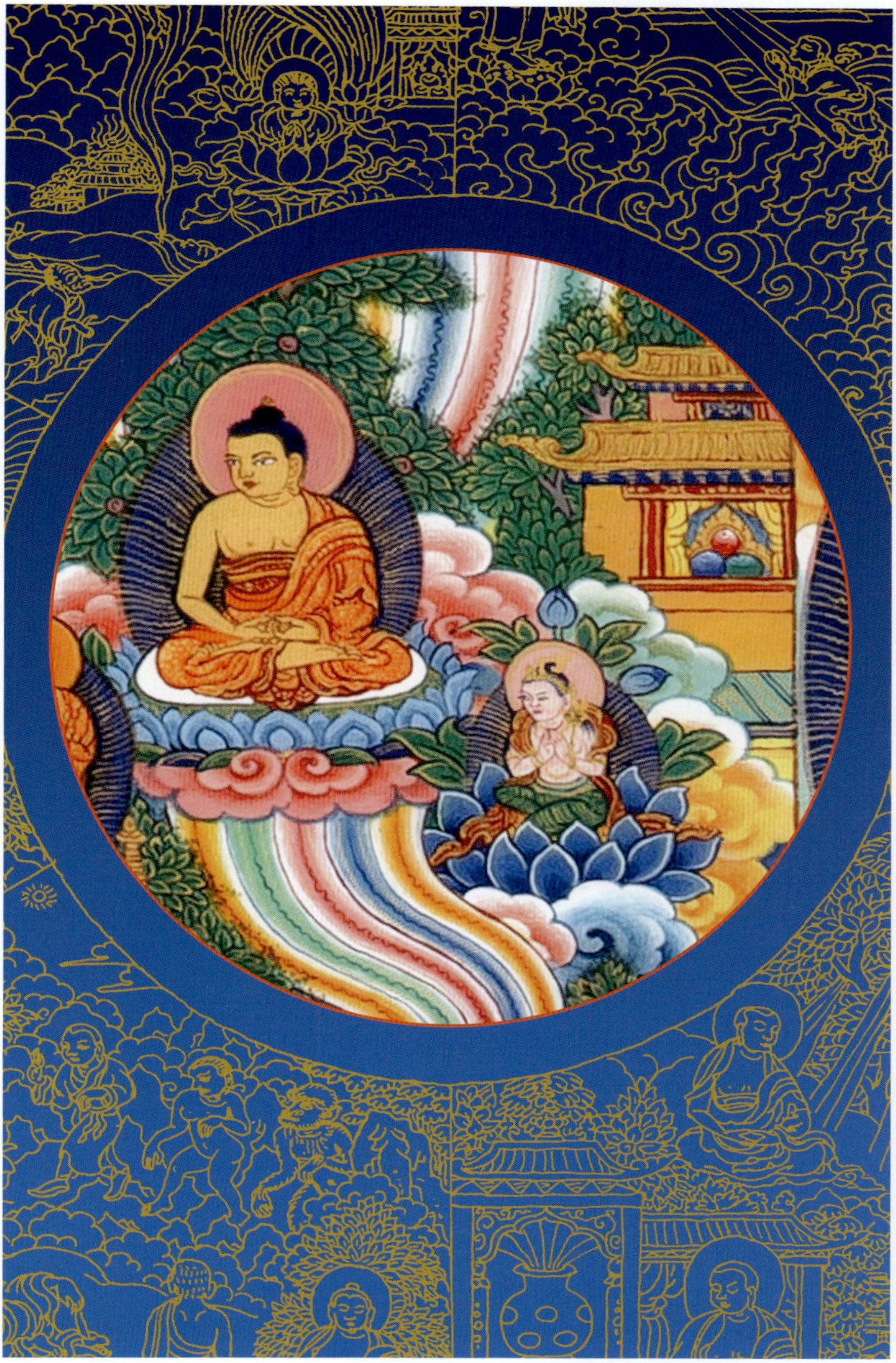

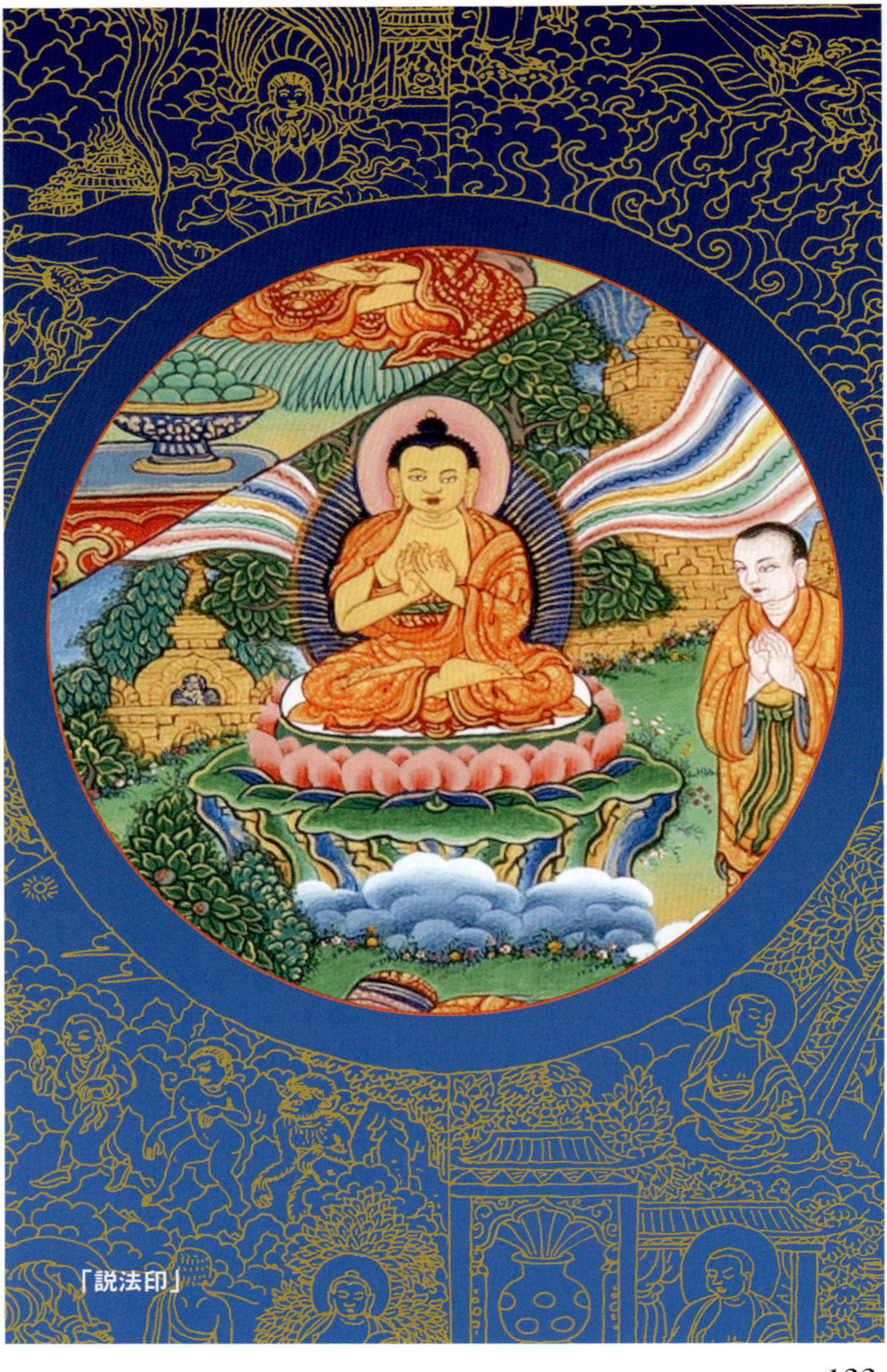
「説法印」

言葉は見聞覚知《けんもんかくち》によって言説を起します。人類は、考え・思う脳細胞が形成された時に喉の動きを複雑に出来るようになり、声を出すとともに人同士で互いに様々な物の名称を決めて、単純な意志・思いを伝えて連絡が出来るようになってくると言葉が形成され、会話が可能となりました。

そして幼児から言葉を記憶し、その教育によって伝達やものづくり、そして概念思考も発達させました。意識と言葉が連動したわけです。

教育などによって言葉で他人とのコミュニケーションをすると共に、共同生活・社会において互いに高度な理解の出来る同分智《どうぶんち》・共同智が働くようになったのです。

それによって知識が蓄積され多くの情報が得られるようになり、科学・資本・社会の技術が発達してきました。このような知識などをさらに入れて発達させる為に天耳智が十分に満足出来る形となるように、心一境性による精神統一をします。そして知識の集積と、その智慧の簡択によって概念と言葉を自ら形成するようにします。それが実際に役立つようにしていきます。

このように言葉で語られることによって認識が起るということですから、それが心意識のどこから生ずるか、それは既に一度言葉である名言《みょうごん》が潜在的意識の阿頼耶識に薫習された種子から随説因となってそれぞれの言葉と出来事が生じてきたことによるのです。

この種子が現行するということは現象的存在を形成する名言でもあり、存在を生み出し意識する可能性でもあります。そのことは現在の一刹那の存在や未來の存在を生ずる可能性であり、言葉で薫習されたのでこれを名言種子《みょうごんしゅうじ》と言います。また種子はニューロンとシナプス等のような脳の働きに類似します。

種子は阿頼耶識の中の可能性であって、功能の区別のことであり、習気とも言います。習気は阿頼耶識に薫習されたということで習気といい、そこから現行を生ずるもので種子ということになります。習気の習は現行による薫習で、気は現行の気分のように実物として認識しにくいものです。対象に対して眼・耳・鼻・舌・

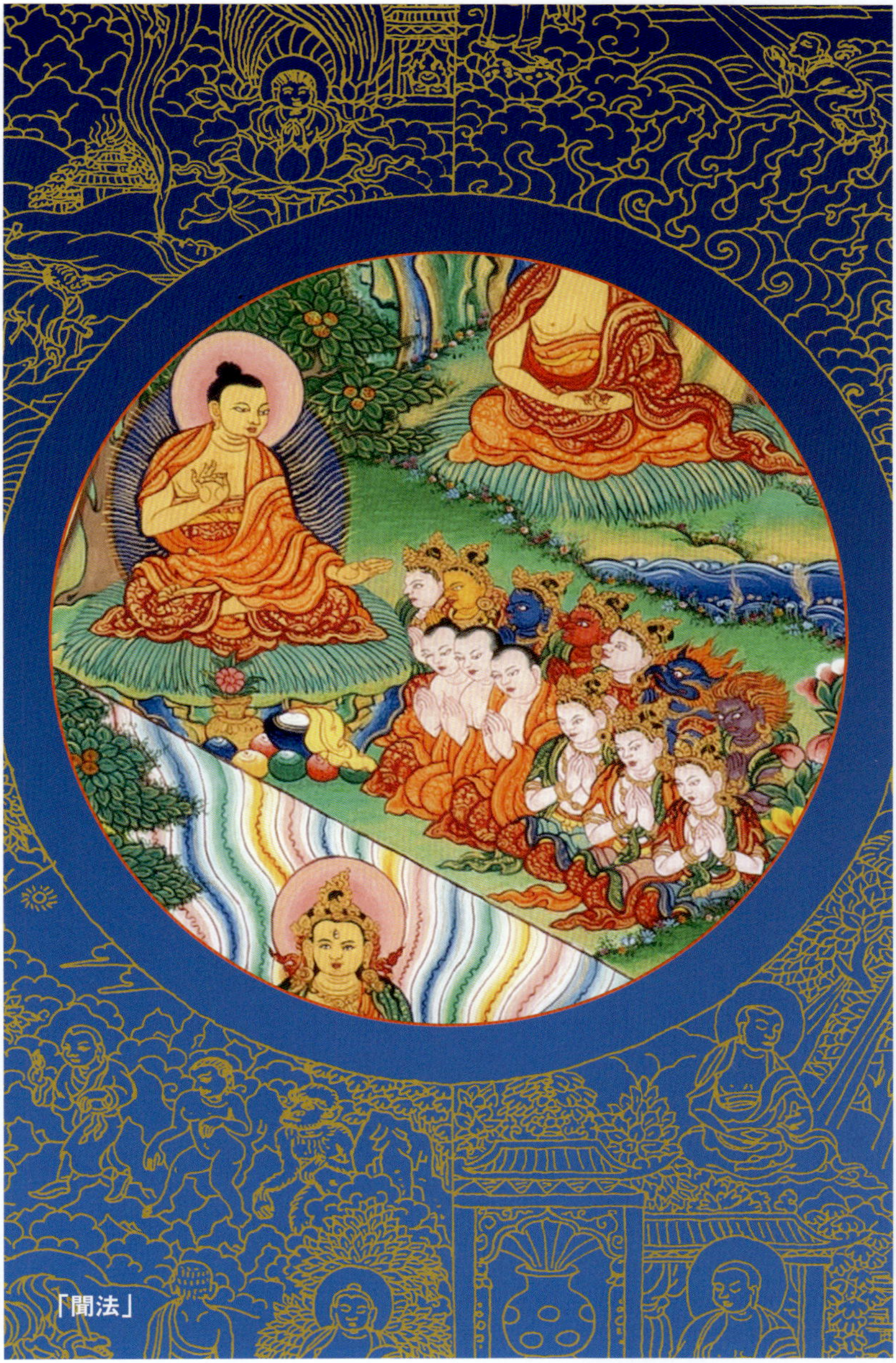

「聞法」

身の五官を働かせるのは、十五依処の根依処と領受依処です。それは身体の持つ人の苦楽などの感覚を鋭くすることで、眼根《げんこん》と意根《いこん》と命根《みょうこん》によって悟りへの触證の感覚ともなり、天耳智も漏尽通となります。

都市町村の集まりなどの人間同士のつながりを巡って励みて良く聴採してその修果を得ることで、多くの人々の声を聞き、多くの知識と情報を集積することにより、より良い判断が出来るようになります。それによって清浄で広大な天耳智を発起出来るようになります。活命や事業などにおいて多くの情報を集め簡択することも天耳智の働きです。

宿命通《しゅくみょうつう》

すべての人は過去と歴史と進化等を念じて、本生《ほんじょう》を憶念することによって宿命智を生じさせます。それは佛の本生を浄信する故でもあります。

この宿命智には過去の経験や歴史などが入ります。脳科学の実験では、経験から自分の未来の行いを推定・想像・計画する時に、小さな脳の海馬の中の星座のように散らばる神経細胞の内、過去の経験を語る時と同じ部分が活動するそうです。つまり未来を創造するために動く細胞の部位や分野が分かりにくいようです。

もし未来を創造しようとするならば、過去の経験に、何かの具合で別の過去の経験が加わる縁があれば、それが後に創造的部分として活動することもあるかもしれません。

また、例えば三百年前の江戸時代に書かれた原資料そのものを直接触れて読んでいると、江戸時代の人々の生きる息遣いが現在の自分自身に直接感じられる場合もあります。その経験は自らの経験でなくても記憶に留まるかもしれません。それが次の時に経験として蘇るのでしょうか。

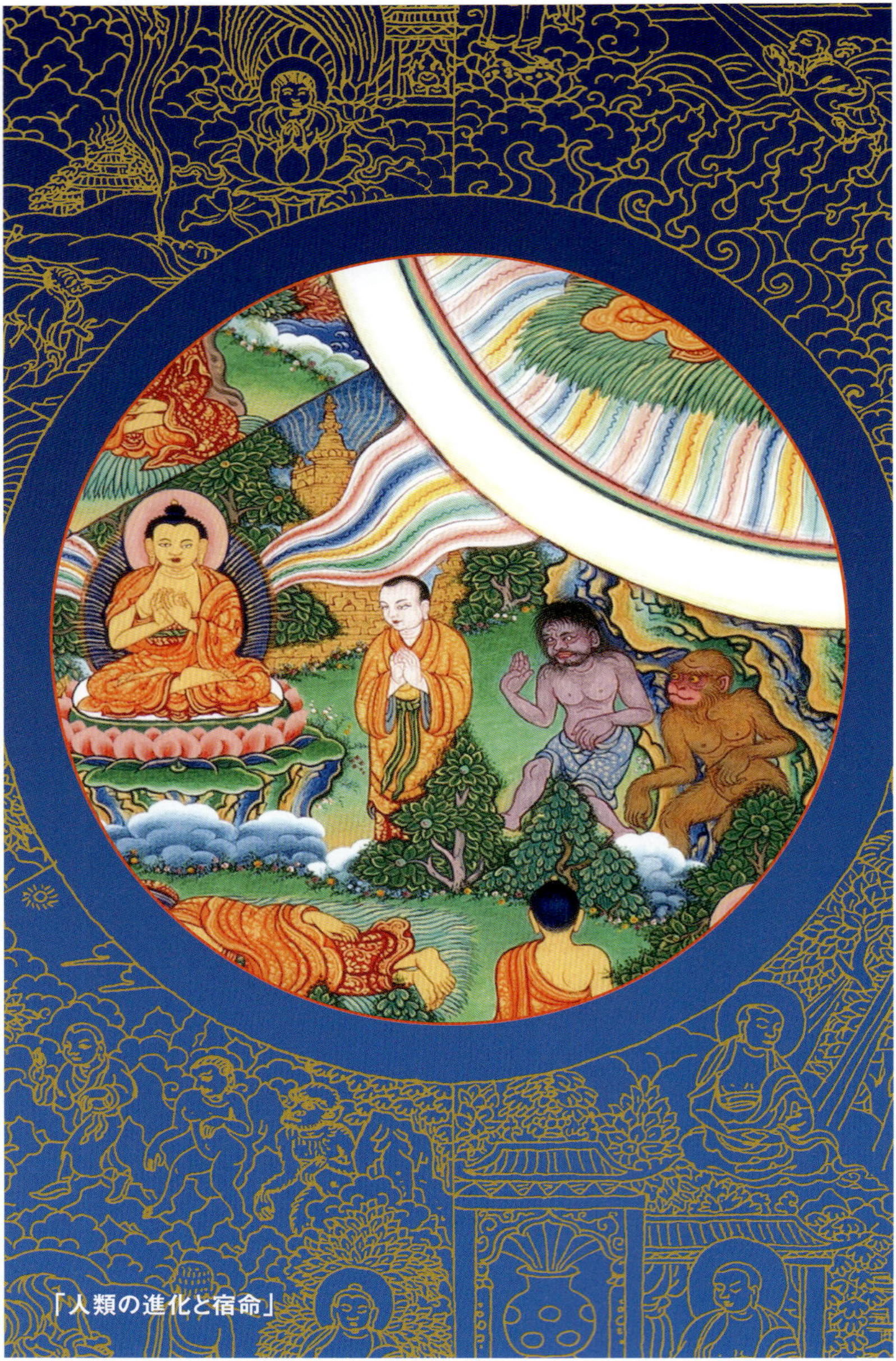
「人類の進化と宿命」

事業に役立つようにするため、これらの知識を経験の基礎とし、また多くの人々の過去に集積した知識を獲得し、教育して修得されてきました。

幼児の頃からの家庭や学校等の教育で受けた経験や交友関係・環境の中での多くの経験は、強く記憶に残るものもあれば、潜在意識の中に埋もれて一生意識に上がらないものもあります。また何十年も経って突然に思い出すこともあります。

潜在的な経験をすべて使えたらどのように能力が発起出来るのでしょうか。それを修行の流注《るちゅう》（一境に心を専注すること）で出すことが出来たら、活命・事業でどのように役立つでしょうか。特に苦労して記憶したのに脳の生理的忘却作用で忘れてしまったことの中に、生きるのに大切な記憶が残されていないものでしょうか。

私たちは無始以来の一個の細胞から猿人そして人類へと進化する中で、脳のある部分が他の哺乳類と突然異なった分野を形成し、遺伝子によって継続され発達してきたそうです。その先祖以来の発展によって人は進化や変化をさせて、そこに言葉や道具・思念・科学を形成してきました。

その中で、自然の困難な時期の氷河期や、各戦乱その他で人として存在し人として生き残る苦労と苦難・運命を乗り越えて、先祖の人々は我々までその生命の根源の存在を伝えてきました。

人の業の流れが続き、善業《ぜんごう》・悪業《あくごう》・宿業《しゅくごう》となって結果を生んできました。その業の方向を各種の三昧によって変化・変更・改革する為の修習の一つが宿命智です。

現在までの活命や事業、時代の結果を踏まえて、未来を別の異熟果として成就させるには、自ら自身の立ち位置としてまず先祖を尊敬し、よく知り、その先祖の諸霊に感謝と奉仕を行なうことであり、それによって、生の根源・無始以来の人間そのものと、自分の意生身（魂）と先祖の意生身（霊）が感応道交《かんのうどうこう》して宿命智が生まれてきます。

人類の進化における歴史はまさに経験の膨大な蓄積です。しかもそれは我々現代の人の中に何らかの形で記憶に残っています。身体内の遺伝子や記憶、そして言い伝えや文献のような記録と教育の中に残り、人の成長する中に仕舞い込まれています。その先験的系統的遺伝子即ち本有の種子は無始以来の蓄積として、善業も悪業も含め阿頼耶識の中に積集されて何かの縁があると現行します。

他心通《たしんつう》

他心通（心差別智《しんさべっち》）は、ここまで述べた四つの神通と少し異なり、前述のように世俗智と出世間智の両者に関わります。ここで智の修所成《しゅうしょじょう》である他心智は、修の果にして修に依止して、すでに得たものを失わず、他の相続の現在の欲、色界の欲、心所法《しんじょほう》、あるいは無漏心、心の活動を知るものですから他心智といいます。修所成の慧を自性となす故です。

まず煩悩の所作にかかわる自然や対象物質、現象の変異することについての想によって、煩悩及び随煩悩の心を纏繞《てんにょう》している有情のもののありようが変異転変することを解了し分別します。人は諸法において、薫習力によって同分智を得ているので、経験する事にしたがって、それを同じものとしてそのように理解し知ります。人の智は、知ることの出来る法において、決定《けつじょう》し薫習するものであり、欲にしたがって自在に、前と後とが相似するので、同分と名づけます。経験する事にしたがって能くそれと同じと知るのは、もとの所見と所受にしたがって同分としてその如く記憶しているからです。

また、二人の互いに他の人の気持ち（心）を知る者がいて、互いに話して相手の気持ち（心）を知れるのは、その二人が互いに会いに行って、あなたはどうして私の気持ちが解り知ることが出来るのですかと問わなくても、私はこのようにあなたのことを知っていると答えなくても、彼ら二人は、以前の経験の薫習力によって、

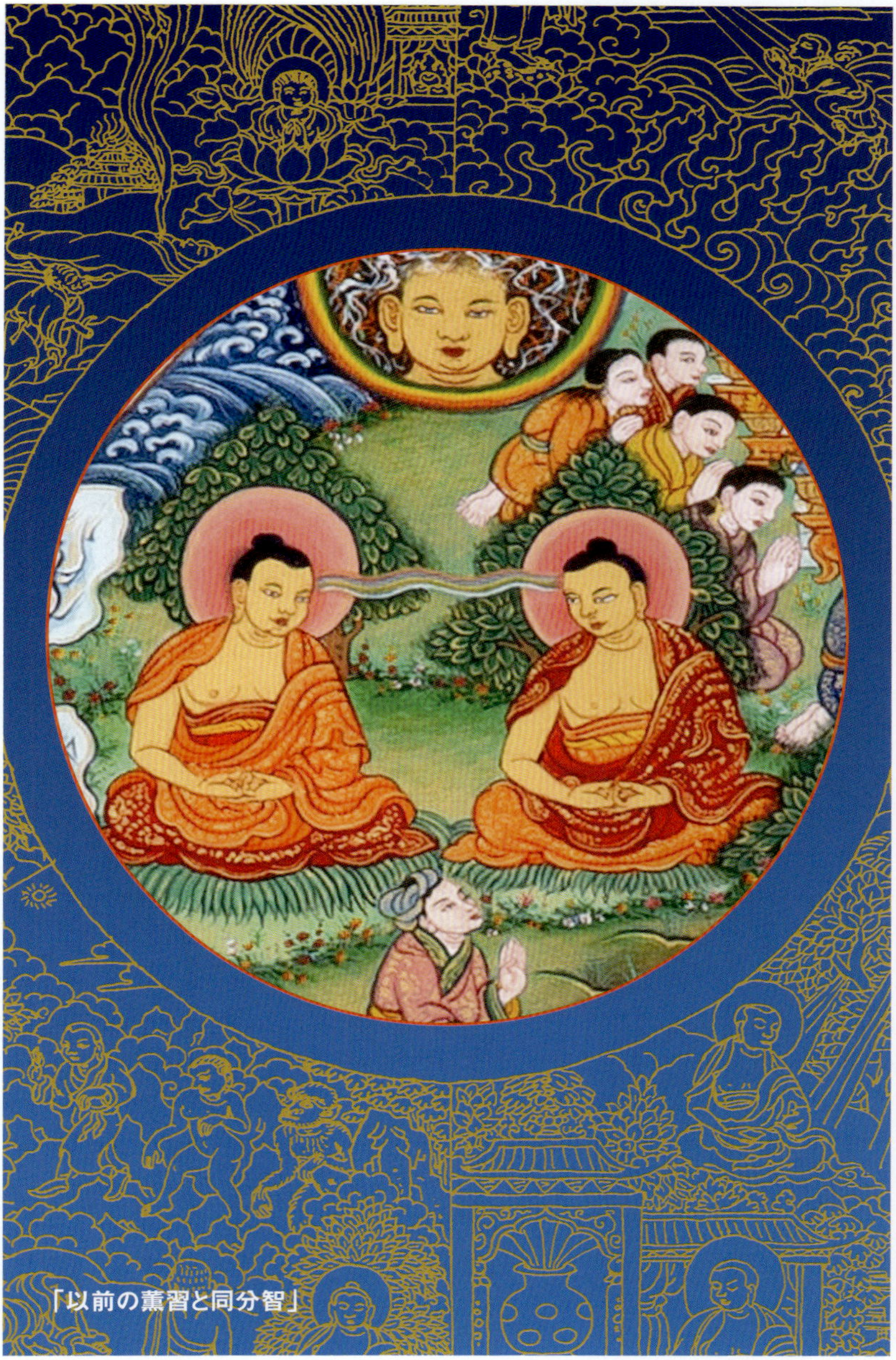
「以前の薫習と同分智」

このように同分智を持っていることを自然に知っているので、互いの言っていることの意味・内容を知ることが出来て会話をすることが出来るのです。

会話や直観などの相互理解は人間特有の言語・思考の教育によって経験が同一に相似すると推理・推測で理解出来ることによりますが、しかし全く未経験のこと・未知の言葉等は理解出来にくいものです。即ち相互理解には限界点があり、それを超えるのは本当はまったく同じ理解が出来る佛の他心通によるしかないと思われます。

修行の結果としてこのように他心智を発起して、その智によって、他の有情に対して、尋思《じんし》と伺察《しさつ》で心と意と識等のすべてを、実の如くに知ります。それにはまず初めに、光を以てその身内を満たし、天眼智を以て自分の心と意と色《しき》（物質・物）を見ることが必要となります。物によって心と意と識が起こりますので、これと同じように自らの心の変を以て、物の変を見て推測して知ることになります。

このように、修行者は世俗の前後想・上下想等の心一境性（奢摩他と毘鉢舎那）で自在なるを得て、数々の状況を起して現前し、転じて明利ならしめ、まず審らかに自らの心相を観察します。即ち

「若し身に是の如き相を現ずることが有れば、その時は便《たちま》ち、このような相の心を起し、若し自らこの如き相の心を起せば、その時に是の如き相の現ずること有り」

と自ら審らかに、自分の心と身の相を観察し終り、次に他の人の心身の状態を観察します。

「若し身にこのような相が現れることが有れば、その時にこのような相の心を起こし、若し他人にもこの如き相の心が起こせれば、その時に身にはこのような

相が現れる」

と審らかに、このように他人の心と身の相を観察し終わって、次に、身の相から彼《か》れの心を観じてこのような思惟をします。

「我《わ》れまさに、彼《か》れの心と心の働きに対して、いかなるの尋求する所があり、いかなるの伺察する所があるか、何の摂受する所あるかと観ずべし」

と既に思惟し終わって、もっぱら彼《か》れの心の相続の前後の形相の区別を観察します。彼《か》れの心相を観じて純熟すれば、他心智を修する加行《けぎょう》を成満《じょうまん》出来ます。

一方でもし、信と相応、及び智と相応して少し上達した無漏の心が現に起これば、物の相は清色になるかもしれません。

このように自身の変異相《へんいそう》・因依持相《いんねじそう》の同分智を以て、色の変異相・因依持相を分別することが少し出来るようになります。その時に、光明によって他の人の身心を満たさせて、天眼智を以て他の人の心と意と識を見ます。その人の心の経験の同分智で物質の変を分別し、物質の変を以て同分智で心の奥の阿頼耶識までの変を分別します。

このように分別して他心智を起こし、智で形相の区別を観察していきます。漸次に能く無漏智を引いて、善く他心を智るので他心智といいます。

しかし、この無漏の他心は天眼智も伴いますので凡夫の境界に非ず、その所応にしたがうのは、能く趣く涅槃の正行のみです。

漏尽通《ろじんつう》

普通の人の思いつきやアイデアはなかなか智慧には到りません。智慧は佛の神通他力の顕現に救われながら、想と三昧と称念によって凝思となり、修行の次第においてその中から生起出現してくるからです。

したがって極楽へ往生して終極には無漏智も完成し成佛した後に、六智が六神通となって人々を救うことになります。

審には智行で相の区別を観察して漸次に漏尽通（無漏智）が生ずるのを能引して、衆生の為に利他の利益を与えることになります。その究竟の利他行によって漏《ろ》（煩悩）なき漏尽通の無我・空の涅槃に入ります。釈尊が正覚の時に

「眼を生じ、智を生じ、慧を生じ、明を生じ、光明を生じた悟り」

によってこの漏尽通を展開したことで、今これからも人々が未来の無限の可能性に向かって歩むことが出来るのです。

六　生死《しょうじ》の相続

諸業は、有漏の善と不善との思業であり、引《いん》と満《まん》の異熟果を招引します。しかも阿頼耶識に自らを起すべき功能を薫じます。即ちこの功能が習気となります。その後にまた異熟果の満を招引し、阿頼耶識自らを起して功能を薫じます。即ちこの功能は生死相続の習気をなしているのです。

人の生から死へ相続する善と不善の思業は、随順依処の引発因と浄不浄の業の薫習による索引因のある習気依処でその異熟果を引きます。それは本識（阿頼耶識）に自らを起すべき功能即ち習気を薫ずるからです。これは業の気で薫習の所成です。このように習気が展転《ちんでん》して相続し成熟すると異熟果を招くのです。習気は名色《みょうしき》と心所と阿頼耶識と末那識に薫発《くんほつ》された阿頼耶識・意生身上の功能として働きます。これは来世の異熟果の心とその相応因縁の種を顕わにします。即ち業は生を招く縁として顕われます。

生死の相続は惑と業と苦によっており、この三つはすべて習気です。そして生死

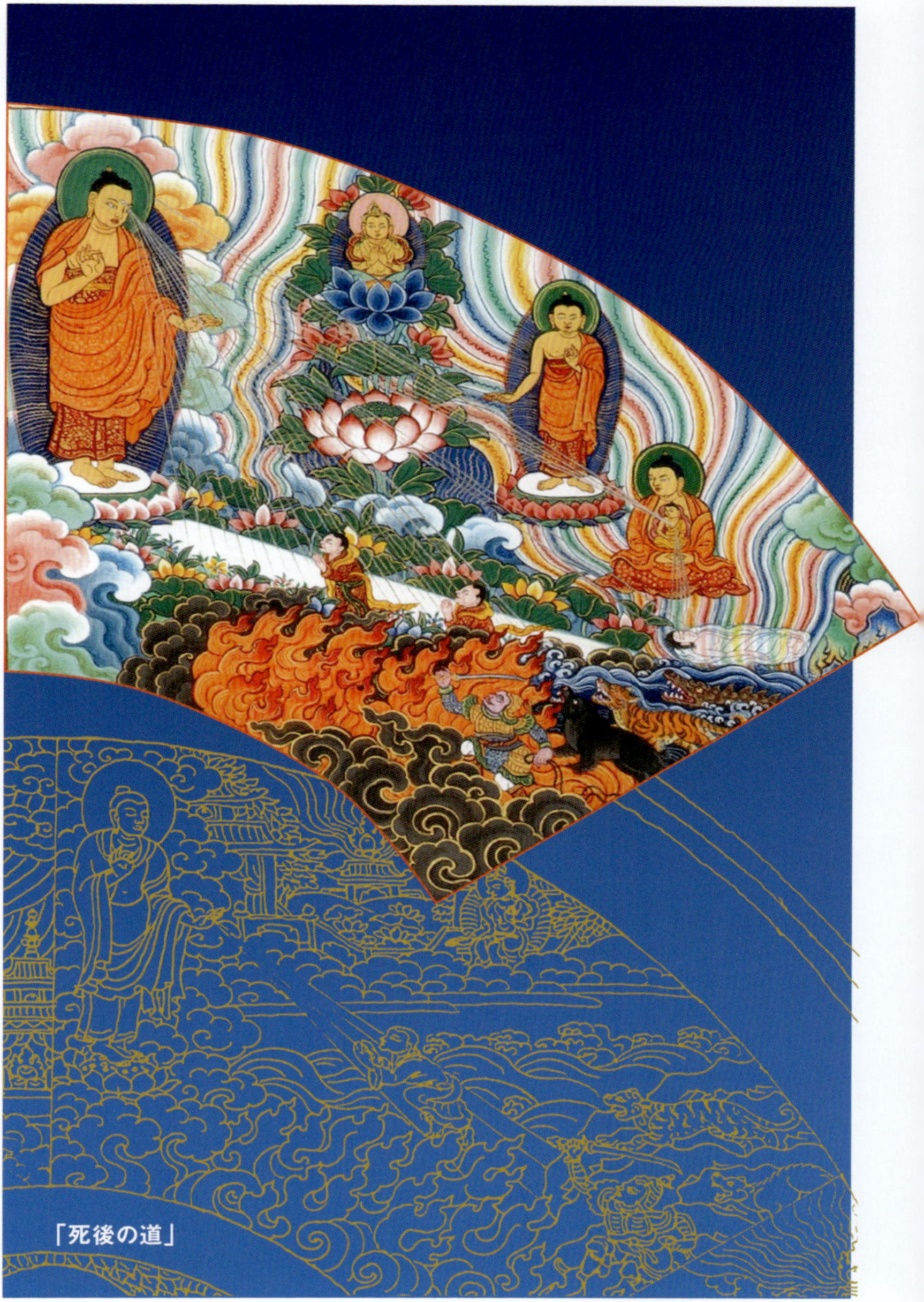

「死後の道」

の相続は有漏と無漏との正しく生と死を感ずる業である因と、煩悩と所知との縁とを助として生死を感じるので二障といわれます。

身と命には長と短があり、因と縁の力できまった限界があります。一方で無漏の有業が所知の縁の力で補助する勢で感ずる異熟果があります。

悲と願の力で身と命を改転するに際限がなく、無漏の定願で正しく資感される意願にしたがって成ぜられるのが意生身（霊魂）です。無明の習地を縁として、無漏の業を因として、凡夫・声聞《しょうもん》・独覚《どっかく》・在家出家菩薩は意生身を生じます。

先の法蔵菩薩が四十八願の成就によって阿弥陀佛として成佛した話から、私達はそのことを自らに戻して自分の意生身である阿頼耶識において、自らの願いを誓願として極楽に往生する前に光明想・前後想・上下想等の修行で六智を薫習します。そして生死の相続は異熟果なので、意楽と意願で成じた意生身が自らの願と法蔵菩薩の本願に乗じて阿弥陀佛国に上品往生《じょうぼんおうじょう》します。

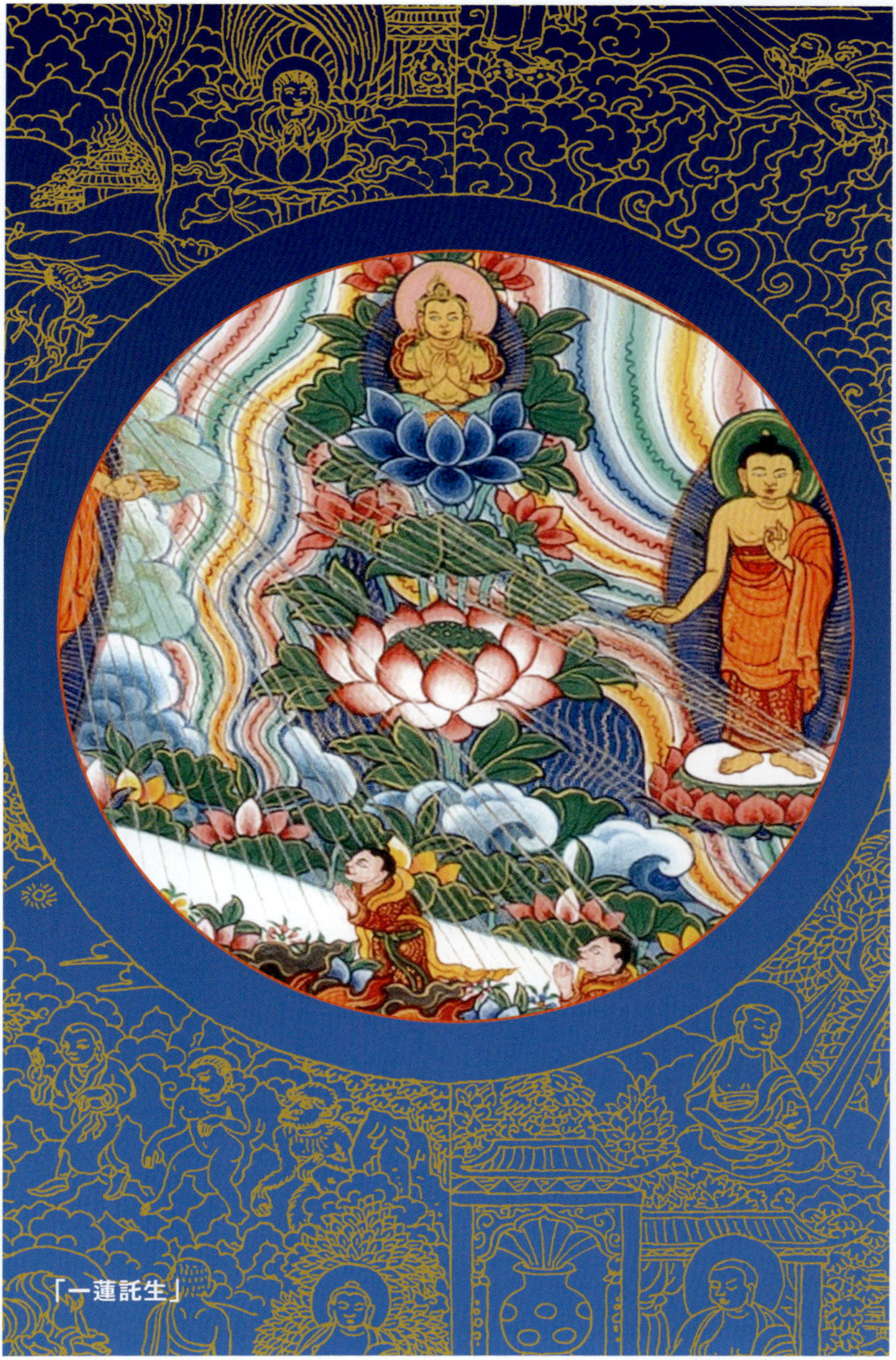
「一蓮託生」

具体的には、臨終前においては、生前にそれら三想を含む称念三昧を円満成就するのは、その三昧を極楽で完成させる為です。根源的阿頼耶識である意生身が転依《てんね》して清浄なる法身となる為に、全ての感官も転依して異熟智を得るように修習します。

神境智で触れたように、臨終の修行者は自らの光明想によって自身内の空洞を光明で満たし、そこに自ら生前の色形としての意生身の姿を起します。

その意生身は生前に授かった本願称念の相伝にしたがって極楽への死後の道を歩みます。

釈尊の正覚への想念から生起する阿弥陀佛の白毫から光明が出て、意生身が歩む道を照らし出します。

そして意生身は生前に伝えられた凝思の相伝によって阿弥陀佛の有相《うそう》の姿を拝して足下の蓮台に座し、六神通の修習に入り、成佛へ向かいます。

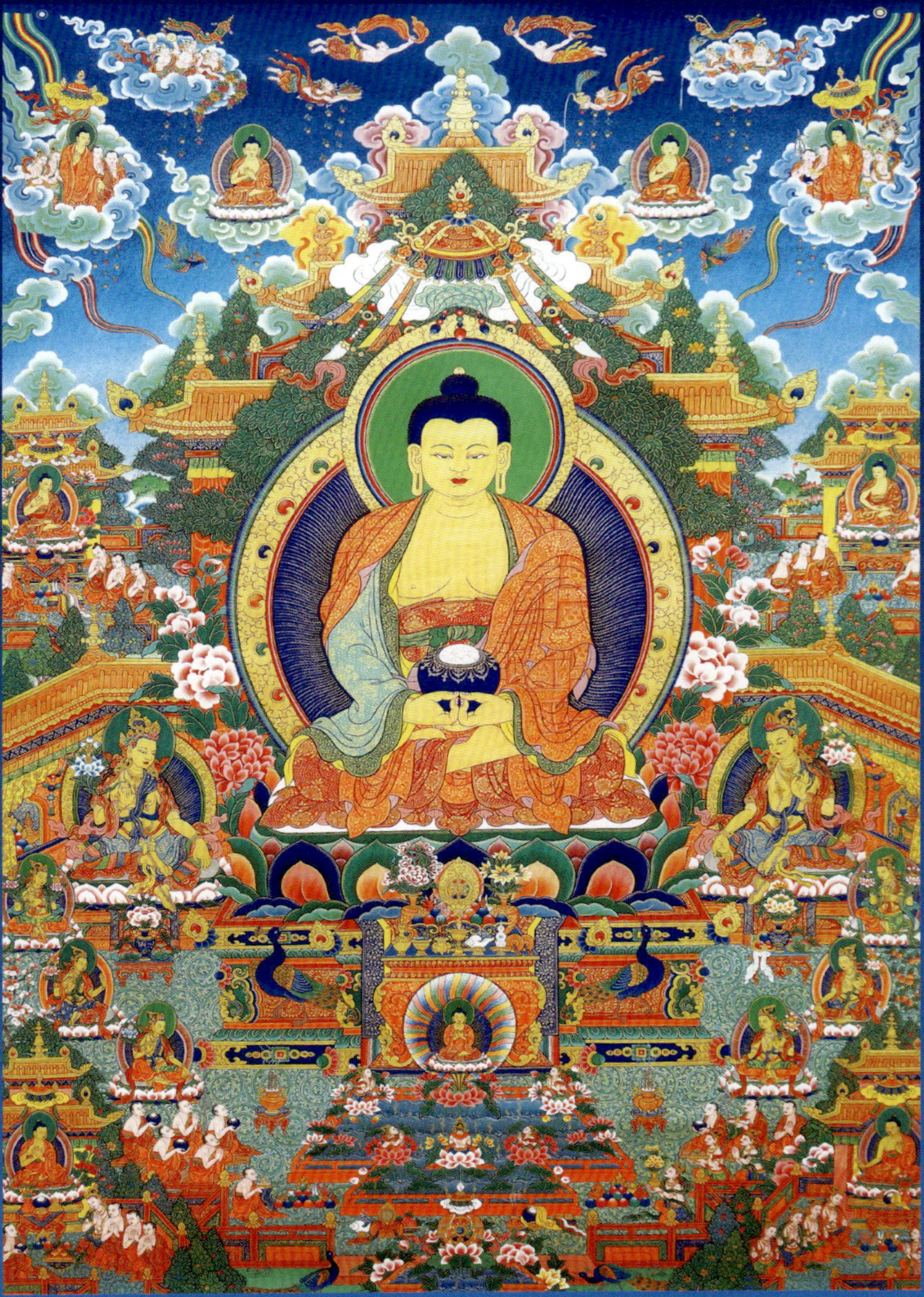

「極楽図」

令和四年制作・西方寺蔵
仏師：ケサン・ロドェ

「一蓮託生」

七　修習の成果と願の成就

常に十念の信楽を持していると、念佛の習気・種子が不可思議の無量寿・無量光の阿弥陀佛（釈尊・正覚・涅槃）の他力によって往生を果たすことになります。そしてこの信の光明想を含む三想を行じて、世俗生活の現実問題を、六世間処における四縁・二十二増上・十五依処・十因・五果にある因縁や六神通などを念頭に考え思惟し、刺激してこの心一境性の十念の中で作意します。

それによって阿頼耶識内に蔵する、人が永恒から進化形成してきた種子、即ち本来の進化で蓄積してきた本有の種子と、新しく薫習され積集された新薫種子を、蓄積した過去より六世間処に引き出し現行させます。

それは無始よりの人としての生命力と、生きる命の根源が燃える状態と、人としての尊厳と、強い願の如理作意です。それが先に述べた六世間処と前後想・上下想・光明想・六神通による凝思流注の十念によって警覚し触證され、六智として実生活に新しく役に立つことが期待されます。

そしてこのように佛の本願に乗じて阿弥陀佛国に上品往生し、彼《か》の国に至り已って六神通を得て、十方界に還相して苦の衆生を救摂《くしょう》することになります。

参考文献

佛《ぶっ》説《せつ》浄《じょう》土《ど》三《さん》部《ぶ》経《きょう》

要略

かくのごときを我《わ》れ聞《き》きき。一時《いちじ》、佛《ほとけ》、舎衛国《しゃえいこく》の祇樹給孤独園《ぎじゅぎっこどくおん》に在《まし》して、大比丘衆千二百五十人《だいびくしゅせんにひゃくごじゅうにん》と倶《とも》なりき。皆《みな》これ大阿羅漢《だいあらかん》なり。衆《しゅう》に知識《ちしき》せられたり。長老舎利弗《ちょうろうしゃりほつ》、摩訶目犍連《まかもっけんれん》、摩訶迦葉《まかかしょう》、阿難《あなん》、かくのごとき等《ら》の諸《もろ》もろの大弟子《だいでし》なり。ならびに諸《もろ》もろの菩薩摩訶薩《ぼさつまかさつ》あり。文殊師利法王子《もんじゅしりほうおうじ》、阿逸多菩薩《あいったぼさつ》、および釈提桓因等《しゃくだいかんいんとう》の無量《むりょう》の諸天大衆《しょてんだいしゅう》と倶《とも》なりき。しかるに世人《せにん》薄俗《はくぞく》にして、共《とも》に不急《ふきゅう》の事《じ》を諍《あらそ》う。この劇悪極苦《ぎゃくあくごっく》の中《なか》において、勤身営務《ごんじんようむ》して、もって自《みずか》ら給済《きゅうさい》す。尊《そん》となく卑《ひ》となく、貧《ひん》となく富《ふ》となく、少長男女共《しょうちょうなんにょとも》に銭財《せんざい》を憂《うれ》うること、有無同《うむおな》じくしかり。憂思《うし》まさに等《ひと》し。頭然《ずねん》に屏営《びょうよう》として愁苦《しゅうく》して、念《おも》いを累《かさ》ね慮《おもんばか》りを積《つ》む。心《こころ》に走使《そうし》せられて、意《い》を悩《なや》み安《やす》き時《とき》あることなし。田《でん》あれば田《でん》を憂《うれ》う、宅《たく》あれば宅《たく》を憂《うれ》う。強《つよ》き者《もの》は弱《よわ》きを伏《ぶく》し、転《うたた》相剋賊《あいこくぞく》し、残害殺戮《ざんがいせつろく》して、迭《たが》いに相呑噬《あいどんぜい》す。善《ぜん》を修《しゅう》することを知《し》らず、悪逆無道《あくぎゃくむどう》なり。後《のち》に殃罰《おうばつ》を受《う》けて、自然《じねん》に趣向《しゅこう》す。

神明記識《じんみょうきし》して、犯《ぼん》ぜる者《もの》を赦《ゆる》さず。故《ゆえ》に受《う》くる所《ところ》の寿命《じゅみょう》、あるいは長《なが》く、あるいは短《みじか》し。魂神精識《こんじんしょうしき》、自然《じねん》にこれに趣《おもむ》く。諸《もろ》もろの有情《うじょう》の心《しん》は染浄諸法《せんじょうしょほう》の所薫習《しょくんじゅう》なるが故《ゆえ》に、無量《むりょう》の種子《しゅうじ》の積集《しゃくじゅう》する所《ところ》なり。聞薫習《もんくんじゅう》は、浄法界《じょうほうかい》より等流《とうる》せる正法《しょうぼう》を聞《き》きて、而《しか》も薫《くん》じて起《おこ》ると説《と》けるが故《ゆえ》に。是《こ》れ出世心《しゅっせしん》の種子性《しゅうじしょう》なりというが故《ゆえ》に。一《いち》には本有《ほんう》、謂《いわ》く無始《むし》より来《き》たる異熟識《いじくしき》の中《なか》に、而《しか》も法爾《ほうに》としてありて生《しょう》ず。二《に》には始起《しき》、謂《いわ》く無始《むし》より来《き》たる数数現行《しばしばげんぎょう》に薫習《くんじゅう》せられて而《しか》もあり。有情《うじょう》の心《しん》、無量《むりょう》の種子《しゅうじ》の積集《しゃくじゅう》する所《ところ》、諸法《しょほう》をば識《しき》においてΣ蔵《ぞう》す。識《しき》を法《ほう》においても亦爾《またしか》なり。たがいに果性《かしょう》となり、亦常《またつね》に因性《いんしょう》となる。阿頼耶識《あらやしき》と諸《もろ》もろの転識《てんじき》とは一切《いっさい》の時《とき》において、展転《ちんでん》して相生《そうしょう》するをもって、たがいに因果《いんが》となる。佛《ほとけ》、告《つ》げたまわく、善《よ》くこれを思念《しねん》せよ。佛《ほとけ》まさに汝《なんじ》が為《ため》に苦悩《くのう》を除《のぞ》く法《ほう》を分別《ふんべつ》し解説《げせつ》すべし。作意《さい》が起《おこ》るべき心《しん》の種《しゅ》を警覚《きょうかく》し、引《ひ》いて境《きょう》に趣《おもむ》かしむ。一境《いっきょう》において心《しん》を持《じ》して住《じゅう》せしむるが故《ゆえ》なり。汝等《なんじら》憶持《おくじ》し作意《さい》して、広《ひろ》く大衆《たいしゅう》の為《ため》に、分別《ふんべつ》し解説《げせつ》せよ。この語《ご》を説《ち》きたまう時《とき》、無量寿佛《むりょうじゅぶつ》、空中《くうちゅう》に住立《じゅうりゅう》したまう。観世音《かんぜおん》・大勢至《だいせいし》、この二大士《にだいじ》、左右《さゆう》に侍立《じりゅう》したまう。所以《ゆえ》は何《いか》ん。諸佛如来《しょぶつにょらい》はこれ法界身《ほっかいしん》なり。一切衆生《いっさいしゅじょう》の心想《しんそう》の中《なか》に入《い》りたまう。この故《ゆえ》に汝等《なんじら》、心《こころ》に佛《ほとけ》を想《おも》う時《とき》、この心佛《こころほとけ》を作《つく》る、この心《こころ》これ佛《ほとけ》なり。諸佛正偏知海《しょぶつしょうへんちかい》は、心想《しんそう》より生《しょう》ず。無量寿佛《むりょうじゅぶつ》を観《かん》ぜん者《もの》は、一《いち》の相好《そうごう》より入《い》れ。ただ眉間《みけん》の白毫《びゃくごう》を観《かん》じて、極《きわ》めて明了《みょうりょう》ならしめよ。眉間《みけん》の白毫《びゃくごう》を見《み》たてまつる者《もの》は、八万四千《はちまんしせん》の相好《そうごう》、自然《じねん》にまさに現《げん》ずべし。無量寿佛《むりょうじゅぶつ》を見《み》たてまつる者《もの》は、すなわち十方無量《じっぽうむりょう》の諸佛《しょぶつ》を見《み》たてまつる。世尊《せそん》、我《わ》れ今佛力《いまぶつりき》に因《よ》るが故《ゆえ》に、無量寿佛《むりょうじゅぶつ》および二菩薩《にぼさつ》を見《み》たてまつることを得《う》。かの佛《ほとけ》の円光《えんこう》は、百億三千《ひゃくおくさんぜん》大千世界《だいせんせかい》のごとし。無量寿佛《むりょうじゅぶつ》に復《ま》た八万四千《はちまんしせん》の光明《こうみょう》あり。一一《いちいち》の光明《こうみょう》、遍《あまね》く十方世界《じっぽうせかい》を照《て》らして、念佛《ねんぶつ》の衆生《しゅじょう》を摂取《せっしゅ》して捨《す》てたまわず。その光明相好《こうみょうそうごう》および化佛《けぶつ》、具《つぶさ》に説《と》くべからず。ただまさに憶想《おくそう》して、心眼《しんげん》をして見《み》せしむべし。この事《じ》を見《み》る時《とき》、まさに自心《じしん》を起《おこ》すべし。西方極楽世界《さいほうごくらくせかい》に生《しょう》じて、蓮華《れんげ》の中《なか》において、結跏趺坐《けっかふざ》す。その時佛《ときほとけ》、長老舎利弗《ちょうろうしゃりほつ》に告《つ》げたまわく。

これより西方《さいほう》、十万億《じゅうまんのく》の佛土《ぶつど》を過《す》ぎて、世界《せかい》あり。名《な》づけて極楽《ごくらく》という。その土《ど》に佛《ほとけ》まします阿弥陀《あみだ》と号《ごう》したてまつる。今《いま》現《げん》に在《ましま》して説法《せっぽう》したまう。舎利弗《しゃりほつ》、かの佛《ほとけ》を何《なに》が故《ゆえ》ぞ阿弥陀《あみだ》と号《ごう》したてまつる。舎利弗《しゃりほつ》、かの佛《ほとけ》の光明無量《こうみょうむりょう》にして、十方《じっぽう》の国《くに》を照《て》らすに障礙《しょうげ》する所《ところ》なし。この故《ゆえ》に号《ごう》して阿弥陀《あみだ》とす。また舎利弗《しゃりほつ》。かの佛《ほとけ》の寿命《じゅみょう》、およびその人民《にんみん》、無量無辺阿僧祇劫《むりょうむへんあそうぎこう》なり。故《ゆえ》に阿弥陀《あみだ》と名《な》づけたてまつる。舎利弗《しゃりほつ》。阿弥陀佛《あみだぶつ》、成佛《じょうぶつ》より已来《このかた》、今《いま》において十劫《じゅうごう》なり。また舎利弗《しゃりほつ》。極楽国土《ごくらっこくど》には、七宝《しっぽう》の池《いけ》あり。八功徳水《はっくどくすい》、その中《なか》に充満《じゅうまん》せり。池《いけ》の底《そこ》には純《もっぱ》ら金沙《こんしゃ》をもって地《ち》に布《し》けり。これ本《もと》、法蔵比丘《ほうぞうびく》の願力《がんりき》の所成《しょじょう》なり。法蔵比丘《ほうぞうびく》、無上正覚《むじょうしょうがく》の心《しん》を発《おこ》せり。もし我《わ》れ佛《ほとけ》を得《え》たらんに、十方《じっぽう》の衆生《しゅじょう》、至心《ししん》に信楽《しんぎょう》して、我《わ》が国《くに》に生《しょう》ぜんと欲《ほっ》して、乃至《ないし》十念《じゅうねん》せんに、もし生《しょう》ぜずんば、正覚《しょうがく》を取《と》らじ。もし我《わ》れ佛《ほとけ》を得《え》たらんに、国中《こくちゅう》の人天《にんてん》、宿命《しゅくみょう》を識《し》らず、天眼《てんげん》を得《え》ず、天耳《てんに》を得《え》ず、見他心智《けんたしんち》を得《え》ず、神足《じんそく》を得《え》ず身《しん》を貪計《とんげ》せば、正覚《しょうがく》を取《と》らじ。また法蔵比丘《ほうぞうびく》、四十八願《しじゅうはちがん》を説《と》き、法蔵比丘《ほうぞうびく》、かくのごときの大願《たいがん》を具足《ぐそく》し修満《しゅうまん》して、誠諦虚《じょうたいむな》しからず。世間《せけん》を超出《ちょうしゅつ》して、深《ふか》く寂滅《じゃくめつ》を楽《ねが》えり。法蔵菩薩《ほうぞうぼさつ》、今《いま》すでに成佛《じょうぶつ》して、現《げん》に西方《さいほう》に在《いま》します。その世界《せかい》を名《な》づけて安楽《あんらく》という。かの佛《ほとけ》の国土《こくど》の諸《もろ》もろの往生《おうじょう》せる者《もの》は、皆 悉《みなことごと》く正定《しょうじょう》の聚《じゅ》に住《じゅう》し、清浄《しょうじょう》の色身《しきしん》を具足《ぐそく》す。処《しょ》する所《ところ》の宮殿《くうでん》、衣服飲食《えぶくおんじき》、衆《もろ》もろの妙華香《みょうけこう》、荘厳《しょうごん》の具《ぐ》、自然《じねん》の物《もの》のごとし。もし食《しょく》せんと欲《ほっ》する時《とき》は、七宝《しっぽう》の鉢器《はっき》、自然《じねん》に前《まえ》にあり。事《こと》おわれば化《け》し去《さ》り、時至《ときいた》ればまた現《げん》ず。深禅定《じんぜんじょう》と諸《もろ》もろの通《つう》と明《みょう》と慧《え》とを得《え》て、志《こころざし》を七覚《しちかく》に遊《あそ》ばしめ、心《こころ》を佛法《ぶっぽう》に修《しゅう》す。かの佛国《ぶっこく》に生《しょう》ずる諸《もろ》もろの菩薩等《ぼさつとう》、神通自在《じんつうじざい》にして、常《つね》に宿命《しゅくみょう》を識《し》る。等《ひと》しく三界《さんがい》は空《くう》なり無所有《むしょう》なりと観《かん》じて、空《くう》なる三界《さんがい》において、佛眼具足《ぶつげんぐそく》して、法性《ほっしょう》を覚了《かくりょう》す。無礙智《むげち》をもって、人《ひと》の為《ため》に演説《えんぜつ》す。舎利弗《しゃりほつ》、もし善男子《ぜんなんし》・善女人《ぜんにょにん》あって、阿弥陀佛《あみだぶつ》を説《と》くを聞《き》きて、名号《みょうごう》を執持《しゅうじ》すること、もしは一日《いちにち》、もしは二日《ににち》、もしは三日《さんにち》、もしは四日《しにち》、もしは五日《ごにち》、もしは六日《ろくにち》、もしは七日《しちにち》、一心不乱《いっしんふらん》なれば、その人命終《ひとみょうじゅう》の時《とき》に臨《のぞ》んで、阿弥陀佛《あみだぶつ》、諸《もろ》もろの聖衆《しょうじゅ》とともに、現《げん》にその前《まえ》に在《ましま》す。この人《ひと》終《お》わる時《とき》、心顛倒《こころてんどう》せず、すなわち阿弥陀佛《あみだぶつ》の極楽国土《ごくらくこくど》に往生《おうじょう》することを得《う》。観世音菩薩《かんぜおんぼさつ》は金剛台《こんごうだい》を執《と》り、大勢至菩薩《だいせいしぼさつ》と与《とも》に行者《ぎょうじゃ》の前《まえ》に至《いた》り、阿弥陀佛《あみだぶつ》は大光明《だいこうみょう》を放《はな》って、行者《ぎょうじゃ》の身《み》を照《て》らし、諸《もろ》もろの菩薩《ぼさつ》と与《とも》に手《て》を授《さず》けて迎接《こうしょう》したまう。行者《ぎょうじゃ》、自《みずか》らその身《み》を見《み》れば、金剛台《こんごうだい》に乗《じょう》じて佛後《ぶつご》に随従《ずいじゅう》す。弾指《だんじ》の頃《あいだ》のごときにかの国《くに》に往生《おうじょう》す。かの国《くに》に生《しょう》じおわって、佛《ほとけ》を見《み》たてまつる。光明宝林《こうみょうほうりん》、妙法《みょうほう》を演説《えんぜつ》す。聞《き》きおわってすなわち無生《むしょう》法忍《ぼうにん》を悟《さと》る。あるいは衆生《しゅじょう》あって、不善《ふぜん》の業《ごう》たる五逆十悪《ごぎゃくじゅうあく》を作《な》して、諸《もろ》もろの不善《ふぜん》を具《ぐ》す。かくのごとき愚人《ぐにん》、悪業《あくごう》をもっての故《ゆえ》に、まさに悪道《あくどう》に堕《だ》して、苦《く》を受《う》くること窮《きわ》まりなかるべし。かくのごとき愚人《ぐにん》、命終《みょうじゅう》の時《とき》に臨《のぞ》んで、善知識《ぜんちしき》、種々《しゅじゅ》に安慰《あんに》して、為《ため》に妙法《みょうほう》を説《と》きて、教《おし》えて念佛《ねんぶつ》せしむるに遇《あ》えり。まさに無量寿佛《むりょうじゅぶつ》と称《しょう》すべし。かくのごとく至心《ししん》に、声《こえ》をして絶《た》えざらしめ、十念《じゅうねん》を具足《ぐそく》して、南無阿弥陀佛《なむあみだぶつ》と称《しょう》す。佛名《ぶつみょう》を称《しょう》するが故《ゆえ》に、生死《しょうじ》の罪《つみ》を除《のぞ》き、命終《みょうじゅう》の時《とき》、金蓮華《こんれんげ》の、なおし日輪《にちりん》のごとくなるが、その人《ひと》の前《まえ》に住《じゅう》するを見《み》る。一念《いちねん》の頃《あいだ》のごときに、すなわち極楽世界《ごくらくせかい》に往生《おうじょう》することを得《う》。もし衆生《しゅじょう》あって、かの国《くに》に生《しょう》ぜんと願《がん》ぜば、三種《さんしゅ》の心《しん》を発《はっ》すべし。すなわち往生《おうじょう》す。何等《なんら》をか三《さん》とす。一《ひと》つには至誠心《しじょうしん》、二《ふた》つには深心《じんしん》、三《み》つには廻向発願《えこうほつがん》心《じん》なり。三心《さんじん》を具《ぐ》する者《もの》は必《かなら》ずかの国《くに》に生《しょう》ず。舎利弗《しゃりほつ》、衆生聞《しゅじょうき》かん者《もの》は、まさに発願《ほつがん》してかの国《くに》に生《しょう》ぜんと願《がん》ずべし。所以《ゆえ》は何《いか》ん。かくのごとき諸《もろ》もろの上善人《じょうぜんにん》と倶《とも》に一処《いっしょ》に会《え》することを得《う》ればなり。かの国《くに》に来生《らいしょう》せば、究竟《くきょう》して必《かなら》ず一生補処《いっしょうふしょ》に至《いた》らん。その本願《ほんがん》あって、自在《じざい》の化《け》する所《ところ》、衆生《しゅじょう》の為《ため》の故《ゆえ》に、大慈悲《だいじひ》を以《もっ》て一切《いっさい》の苦悩《くのう》の衆生《しゅじょう》を観察《かんざつ》して、応化身《おうげしん》を示《しめ》して生死《しょうじ》の園《その》・煩悩《ぼんのう》の林中《りんちゅう》に廻入《えにゅう》し、遊戯《ゆげ》神通《じんつう》をもて教化地《きょうけじ》に至《いた》る。本願力《ほんがんりき》を以《もっ》て廻向《えこう》するが故《ゆえ》に、釈迦牟尼佛《しゃかむにぶつ》、能《よ》く甚難希有《じんなんけう》の事《じ》をなして、能《よ》く娑婆《しゃば》国土《こくど》、五濁悪世《ごじょくあくせ》の中《なか》において、阿耨多羅三藐三菩提《あのくたらさんみゃくさんぼだい》を得《え》て、諸《もろ》もろの衆生《しゅじょう》のために、この一切世間《いっさいせけん》、難信《なんしん》の法《ほう》を説《と》く。これを甚難《じんなん》とす。佛《ほとけ》、この経《きょう》を説《と》きおわりたまうに、舎利弗《しゃりほつ》、および諸《もろ》もろの比丘《びく》、一切世間《いっさいせけん》、天《てん》・人《にん》・阿修羅《あしゅら》等《とう》、佛《ほとけ》の所説《しょせつ》を聞《き》きて、歓喜《かんぎ》し信受《しんじゅ》して、礼《らい》を作《な》して去《さ》りにき。

南《なん》伝《でん》大《だい》蔵《ぞう》経《きょう》 神《じん》力《りき》相《そう》応《おう》

抄録

智慧《ちえ》

前後想《ぜんごそう》ありて住《じゅう》し、未《いま》だ曾《かつ》て聞《き》かざりし法《ほう》に於《おい》て、我《われ》は眼《げん》を生《しょう》じ、智《ち》を生《しょう》じ、慧《え》を生《しょう》じ、明《みょう》を生《しょう》じ、光明《こうみょう》を生《しょう》じたり。

上下想《じょうげそう》を善《よ》く攝持《しょうじ》す。……已《すで》に修習《しゅじゅう》せりと未《いま》だ曾《かつ》て聞《き》かざりし法《ほう》に於《おい》て、我《われ》は眼《げん》を生《しょう》じ、智《ち》を生《しょう》じ、慧《え》を生《しょう》じ、明《みょう》を生《しょう》じ、光明《こうみょう》を生《しょう》じたり。

光明想《こうみょうそう》を善《よ》く攝持《しょうじ》す。……已《すで》に修習《しゅじゅう》せりと未《いま》だ曾《かつ》て聞《き》かざりし法《ほう》に於《お》いて、我《われ》は眼《げん》を生《しょう》じ、智《ち》を生《しょう》じ、慧《え》を生《しょう》じ、明《みょう》を生《しょう》じ、光明《こうみょう》を生《しょう》じたり。

晝日想《ちゅうじつそう》を善《よ》く攝持《しょうじ》す。……已《すで》に修習《しゅじゅう》せりと未《いま》だ曾《かつ》て聞《き》かざりし法《ほう》に於《お》いて、我《われ》は眼《げん》を生《しょう》じ、智《ち》を生《しょう》じ、慧《え》を生《しょう》じ、明《みょう》を生《しょう》じ、光明《こうみょう》を生《しょう》じたり。廣大不纏《こうだいふてん》の心《こころ》を以《もっ》て光耀心《こうようしん》を修習《しゅじゅう》すと為《な》す。已《すで》に修習《しゅじゅう》せりと未《いま》だ曾《かつ》て聞《き》かざりし法《ほう》に於《お》いて、我《われ》は眼《げん》を生《しょう》じ、智《ち》を生《しょう》じ、慧《え》を生《しょう》じ、明《みょう》を生《しょう》じ、光明《こうみょう》を生《しょう》じたり。

鹿母殿振動品《ろくぼでんしんどうぼん》

舎衛城《しゃえいじょう》

我《われ》、前《まえ》に未《いま》だ等覚《とうがく》を現等覚《げんとうがく》せずして菩薩《ぼさつ》なりし時《とき》、思念《しねん》せり。何《なん》の因《いん》、何《なん》の縁《えん》ありて修習《しゅじゅう》するやと。その時《とき》、我《われ》、思念《しねん》せり。未生《みしょう》の悪不善法《あくふぜんぽう》を生《しょう》ぜさらんが為《ため》に、……乃至《ないし》……已生《いしょう》の善法《ぜんぽう》をして住《じゅう》せしめ忘失《もうしつ》せず、倍修習《ばいしゅじゅう》し、廣修習《こうしゅじゅう》し、圓満《えんまん》せしめんが為《ため》に欲《よく》を起《おこ》し、精進《しょうじん》し、發勤《ほつごん》し、心《しん》を策《さく》し持《じ》す。三摩地《さんまじ》、心一境性《しんいっきょうしょう》を勤行《ごんぎょう》と為す。

我《われ》、欲《よく》は退縮《たいしゅく》に過《す》ぎじ、精勤《しょうごん》に過《す》ぎじ、内《ない》に収《おさま》らじ、外《げ》に散《さん》ぜじと為《な》し、前後想《ぜんごそう》ありて住《じゅう》し、後《ご》は前《ぜん》の如《ごと》く前《ぜん》は後《ご》の如《ごと》く、上《じょう》は下《げ》の如《ごと》く下《げ》は上《じょう》の如《ごと》く、夜《よる》は晝《ひる》の如《ごと》く晝《ひる》は夜《よる》の如《ごと》く、是《かく》の如《ごと》く廣大不纏《こうだいふてん》の心《こころ》を以《もっ》て光耀心《こうようしん》を修習《しゅじゅう》す。

何《なに》をか欲《よく》、退縮《たいしゅく》に過《す》ぐと為《な》すや。欲《よく》、懈怠《けだい》と倶行《くぎょう》し懈怠《けだい》と相應《そうおう》するなり。此《これ》を名《な》づけて欲《よく》、退縮《たいしゅく》に過《す》ぐと為《な》す。

何《なに》をか欲《よく》、精勤《しょうごん》に過《す》ぐと為《な》すや。欲《よく》、掉擧《じょうこ》と倶行《くぎょう》し掉擧《じょうこ》と相応《そうおう》するなり。此《これ》を名《な》づけて欲《よく》、精勤《しょうごん》に過《す》ぐと為《な》す。何《なに》をか欲《よく》、内《ない》に収《おさま》ると為《な》すや。欲《よく》、惛眠《こんみん》と倶行《くぎょう》し惛眠《こんみん》と相応《そうおう》するなり。此《これ》を名《な》づけて欲《よく》、内《ない》に収《おさま》ると為《な》す。何《なに》をか欲《よく》、下《げ》に散《さん》ずと為《な》すや。欲《よく》、下の五妙欲《ごみょうよく》によりて散《さん》じ擴《ひろが》るなり。此《これ》を名《な》づけて欲《よく》、下《げ》に散《さん》ずと為《な》す。何《なに》をか前後想《ぜんごそう》ありて住《じゅう》し、後《ご》は前《ぜん》の如《ごと》く前《ぜん》は後《ご》の如《ごと》しと為《な》すや。前後《ぜんご》に想《そう》を善《よ》く持《じ》し善《よ》く作意《さい》し善《よ》く観《かん》じ慧《え》にて善《よ》く通達《つうだつ》す。是《かく》の如《ごと》くにして前後想《ぜんごそう》ありて住《じゅう》し、後《ご》は前《ぜん》の如《ごと》く前《ぜん》は後《ご》の如《ごと》しと為《な》す。

何《なに》をか上《じょう》は下《げ》の如《ごと》く下《げ》は上《じょう》の如《ごと》く住《じゅう》すと為《な》すや。足跡《そくせき》より上《うえ》、髪頂《はっちょう》より下《した》を邊際《へんざい》とし此身《このしん》を観察《かんざつ》す。是《かく》の如《ごと》くにして上《じょう》は下《げ》の如《ごと》く下《げ》は上《じょう》の如《ごと》く住《じゅう》すと為《な》す。

何《なに》をか夜《よる》は晝《ひる》の如《ごと》く晝《ひる》は夜《よる》の如《ごと》く住《じゅう》すと為《な》すや。晝《ひる》に修習《しゅじゅう》する行相《ぎょうそう》・特相《とくそう》・因相《いんそう》を以《もっ》て夜《よる》に修習《しゅじゅう》し、夜《よる》に修習《しゅじゅう》する行相《ぎょうそう》・特相《とくそう》・因相《いんそう》を以《もっ》て晝《ひる》に修習《しゅじゅう》す。是《かく》の如《ごと》くにして夜《よる》は晝《ひる》の如《ごと》く晝《ひる》は夜《よる》の如《ごと》く住《じゅう》すと為《な》す。

何《なに》をか廣大不纒《こうだいふてん》の心《こころ》を以《もっ》て光耀心《こうようしん》を修習《しゅじゅう》すと為《な》すや。光明想《こうみょうそう》を善《よ》く持《じ》し、晝日想《ちゅうじつそう》を善《よ》く攝持《しょうじ》す。是《かく》の如《ごと》くにして廣大不纏《こうだいふてん》の心《こころ》を以《もっ》て光耀心《こうようしん》を修習《しゅじゅう》すと為《な》す。

是《かく》の如《ごと》く修習《しゅじゅう》し多修《たしゅう》せば、多端神變《たたんじんぺん》を領受《りょうじゅ》し、一身《いっしん》にして多身《たしん》となり、多身《たしん》にして一身《いっしん》となり、或《あるい》は現《げん》じ或《あるい》は隠《かく》れ、牆壁山崖《しょうへきさんがい》を過《よぎ》りて礙《げ》あることなきこと虚空《こくう》に於《お》けるが如《ごと》く、地中《ちちゅう》に出没《しゅつもつ》すること水《みず》に於《お》けるが如《ごと》く、水上《すいじょう》を行《ゆ》きて壊《こわ》ることなきこと地上《ちじょう》に於《お》けるが如《ごと》く、虚空《こくう》に於《おい》て結跏趺坐《けっかふざ》して行《い》くこと飛鳥《ひちょう》の如《ごと》く、大神通《だいじんつう》・大威徳《だいいとく》ある此日月《このじつげつ》を手《て》を以《もっ》て捫摸《もんぼ》し、乃至梵世《ないしぼんせ》に至《いた》るまで身《しん》を以《もっ》て威《い》を及《およ》ぼす。

是《かく》の如《ごと》く修習《しゅじゅう》し多修《たしゅう》せば、清浄超人《しょうじょうちょうじん》の天耳界《てんにかい》を以《もっ》て遠《おん》・近《ごん》・天《てん》・人《にん》の聲《こえ》を倶《とも》に聞《き》く。

是《かく》の如《ごと》く修習《しゅじゅう》し多修《たしゅう》せば、他有情《たうじょう》・他人《たにん》の心《こころ》をば心《こころ》を以《もっ》て遍《あまね》く了知《りょうち》し、有貪心《うどんしん》を有貪心《うどんしん》なりと了知《りょうち》し、離貪心《りどんしん》を離貪心《りどんしん》なりと了知《りょうち》し、有瞋心《うじんしん》を有瞋心《うじんしん》なりと了知《りょうち》し、離瞋心《りじしん》を離瞋心《りじしん》なりと了知《りょうち》し、有癡心《うちしん》を有癡心《うちしん》なりと了知《りょうち》し、離癡心《りちしん》を離癡心《りちしん》なりと了知《りょうち》し、略心《りゃくしん》を略心《りゃくしん》なりと了知《りょうち》し、散心《さんしん》を散心《さんしん》なりと了知《りょうち》し、不解脱心《ふげだっしん》を不解脱心《ふげだっしん》なりと了知《りょうち》し、解脱心《げだっしん》を解脱心《げだっしん》なりと了知《りょうち》す。是《かく》の如《ごと》く修習《しゅじゅう》し多修《たしゅう》せば、種々《しゅじゅ》の宿住《しゅくじゅう》を随念《ずいねん》す、謂《いわ》く、一生《いっしょう》・二生《にしょう》・三生《さんしょう》・四生《ししょう》・五生《ごしょう》・十生《じゅっしょう》・二十生《にじゅっしょう》・三十生《さんじゅっしょう》・四十生《よんじゅっしょう》・五十生《ごじゅっしょう》・百生《ひゃくしょう》・千生《せんしょう》・百千生《ひゃくせんしょう》・多壊劫《たえこう》・多成劫《たじょうこう》・多成壊劫《たじょうえこう》なり、我《われ》、彼處《かのしょ》に於《お》いて名《な》は是《かく》の如《ごと》く、姓《しょう》は是《かく》の如《ごと》く、色《しき》は是《かく》の如《ごと》く、食《じき》は是《かく》の如《ごと》く、楽苦《らっく》を受《う》くること是《かく》の如《ごと》く、壽量《じゅりょう》は是《かく》の如《ごと》くなりき、彼處《かのしょ》に歿《ぼっ》して彼處《かのしょ》に生《うま》れたり。是《かく》の如《ごと》く行相《ぎょうそう》・名稱《みょうしょう》を具《ぐ》して宿住《しゅくじゅう》を随念《ずいねん》す。

是《かく》の如《ごと》く修習《しゅじゅう》し多修《たしゅう》せば、清浄超人《しょうじょうちょうじん》の天眼《てんげん》を以《もっ》て有情《うじょう》の死《し》・生《しょう》を見《み》、有情《うじょう》、業《ごう》に随《したがっ》て劣《れつ》・勝《しょう》、美《び》・醜《しゅう》、善趣《ぜんしゅ》・悪趣《あくしゅ》を受《う》くるを知《し》る、此諸《このもろもろ》の有情《うじょう》は身悪行《しんあくぎょう》を成就《じょうじゅ》し語悪行《ごあくぎょう》を成就《じょうじゅ》し意悪行《いあくぎょう》を成就《じょうじゅ》し、聖者《しょうじゃ》を誹謗《ひぼう》し、邪見《じゃけん》を有《ゆう》し、邪見《じゃけん》の業《ごう》を取《と》る、身壊《しんえ》命終《みょうじゅう》して悪生《あくしょう》・悪趣《あくしゅ》・堕処《だしょ》・地獄《じごく》に往生《おうじょう》せり、また此諸《このもろもろ》の有情《うじょう》は身善行《しんぜんぎょう》を成就《じょうじゅ》し語善行《ごぜんぎょう》を成就《じょうじゅ》し、意善行《いぜんぎょう》を成就《じょうじゅ》し、聖者《しょうじゃ》を誹謗《ひぼう》せず、正見《しょうけん》を有《ゆう》し、正見《しょうけん》の業《ごう》を取《と》る、身壊命終《しんえみょうじゅう》して極楽《ごくらく》に往生《おうじょう》せり、と是《かく》の如《ごと》く清浄超人《しょうじょうちょうじん》の天眼《てんげん》を以《もっ》て有情《うじょう》の死《し》・生《しょう》を見《み》、有情《うじょう》、業《ごう》に随《したが》って劣《れつ》・勝《しょう》、美《び》・醜《しゅう》、善趣《ぜんしゅ》・悪趣《あくしゅ》を受《う》くるを知《し》る。是《かく》の如《ごと》く修習《しゅじゅう》し多修《たしゅう》せば、諸漏《しょろ》儘《つ》くるによりて無漏《むろ》の心解脱《しんげだつ》・慧解脱《えげだつ》を現法《げんぽう》に於《おい》て自《みずか》ら證知《しょうち》し現證《げんしょう》し具足《ぐそく》して住《じゅう》す。

説示《せつじ》

多端神變《たたんじんぺん》を領受《りょうじゅ》して、一身《いっしん》にして多身《たしん》となり……乃至《ないし》……乃至《ないし》梵世《ぼんせ》に到《いた》るまで身《しん》を以《もっ》て威《い》を及《およ》ぼす。此《これ》を名《な》づけて神力《じんりき》と為《な》す。神力《じんりき》を得《え》、神力《じんりき》を獲得《かくとく》するに資《し》する道跡《どうしゃく》なり。此《これ》を名《な》づけて神足《じんそく》と為《な》す。

鐵丸《てつがん》

時《とき》に、具壽阿難《ぐじゅあなん》は世尊《せそん》の在《いま》す處《ところ》に詣《まい》れり、詣《まい》りて世尊《せそん》を敬禮《きょうらい》して一面《いちめん》に坐《ざ》せり。一面《いちめん》に坐《ざ》して具壽阿難《ぐじゅあなん》は世尊《せそん》に白《もう》して言《い》えり——

大徳《だいとく》よ、世尊《せそん》は神力《じんりき》によりて意所成身《いしょじょうしん》を以《もっ》て梵世《ぼんせ》に到《いた》ると稱《しょう》したまふや。

阿難《あなん》よ、我神力《われじんりき》によりて意所成身《いしょじょうしん》を以《もっ》て梵世《ぼんせ》に到《いた》ると稱《しょう》す。

大徳《だいとく》よ、世尊《せそん》は神力《じんりき》によりて四大所成身《しだいしょじょうしん》を以《もっ》て梵世《ぼんせ》に到《いた》ると稱《しょう》したまふや。

阿難《あなん》よ、我神力《われじんりき》によりて此四大所成身《このしだいしょじょうしん》を以《もっ》て梵世《ぼんせ》に到《いた》ると稱《しょう》す。大徳《だいとく》よ、世尊能《せそんよ》く神力《じんりき》によりて意所成身《いしょじょうしん》を以《もっ》て梵世《ぼんせ》に到《いた》りたまふ。大徳《だいとく》よ、世尊《せそん》、神力《じんりき》によりて此四大所成身《このしだいしょじょうしん》を以《もっ》て梵世《ぼんせ》に到《いた》ると稱《しょう》したまふ。大徳《だいとく》よ、此《これ》、世尊《せそん》に於《おい》て希有《けう》なり、未曾有《みぞう》なり。阿難《あなん》よ、如来《にょらい》は時《とき》として身《からだ》を心《こころ》に攝《しょう》し心《こころ》を身《からだ》に攝《しょう》し、楽想《らくそう》・軽想《けいそう》を身《からだ》に置《お》きて住《じゅう》すに、阿難《あなん》よ、その時《とき》、如来《にょらい》の身《からだ》は軽《かる》く軟《やわらか》く堪任《かんにん》、清浄《しょうじょう》となる。

阿難《あなん》よ、譬《たと》えば鐵丸《てつがん》を晝日熱《ちゅうじつねっ》するに軽《かる》く軟《やわらか》く堪任《かんにん》、清浄《しょうじょう》となる。

阿難《あなん》よ、是《か》の如《ごと》く、如来《にょらい》は時《とき》として身《からだ》を心《こころ》に攝《しょう》し、楽想《らくそう》・軽想《けいそう》を身《からだ》に置《お》きて住《じゅう》すに、阿難《あなん》よ、その時《とき》、如来《にょらい》の身《からだ》は軽《かる》く軟《やわらか》く堪任《かんにん》、清浄《しょうじょう》となる。

阿難《あなん》よ、如来《にょらい》は時《とき》として身《からだ》を心《こころ》に攝《しょう》し心《こころ》を身《からだ》に攝《しょう》し、楽想《らくそう》・軽想《けいそう》を身《からだ》に置《お》きて住《じゅう》すに、阿難《あなん》よ、その時《とき》、如来《にょらい》の身《からだ》は努《つと》めずして地《ち》より虚空《こくう》に騰《のぼ》り、多端神變《たたんじんぺん》を領受《りょうじゅ》し、一身《いっしん》にして多身《たしん》となり……乃至《ないし》……乃至梵世《ないしぼんせ》に到《いた》るまで身《しん》を以《もっ》て威《い》を及《およ》ぼす。

阿難《あなん》よ、譬《たと》えば綿花葉《めんかよう》、軽綿《けいめん》、風《かぜ》を受《う》くれば努《つと》めずして地《ち》より虚空《こくう》に騰《のぼ》る。阿難《あなん》よ、是《かく》の如《ごと》く、如来《にょらい》は時《とき》として身《からだ》を心《こころ》に攝《しょう》し心《こころ》を身《からだ》に攝《しょう》し、楽想《らくそう》・軽想《けいそう》を身《からだ》に置《お》きて住《じゅう》すに、阿難《あなん》よ、その時《とき》、如来《にょらい》の身《からだ》は努《つと》めずして地《ち》より虚空《こくう》に騰《のぼ》り、多端神變《たたんじんぺん》を領受《りょうじゅ》し、一身《いっしん》にして多身《たしん》となり……乃至《ないし》……乃至梵世《ないしぼんせ》に到《いた》るまで身《しん》を以《もっ》て威《い》を及《およ》ぼす。

(南傳大蔵経相應部経典六・渡邊照宏訳より抄録)

あとがき
佛師ケサン・ロドェ師とマンダラ図製作状況

平成二十八年から、実在の釈尊が修行したその修行方法はどのようなものであったのか、そして、その結果の悟りの内容は実際の庶民の救いになったが、それではそれが庶民の生活の中でどのように具体的に役に立ったのであろうか、そのことが知りたいと追求してきました。

令和二年から、インド・ダラムサラとアメリカ・ニューヨークにアトリエを構える佛師のケサン・ロドェ師と連絡を取って、六神通に関する佛画の制作を依頼しました。ケサン・ロドェ師は佛像の製作と佛画の制作の両方が唯一出来るチベットの有名な佛師です。多くの作品を製作し、佛伝等の大作を描いてきたケサン師も、原始佛教の修行法や六神通の話しには、目的・内容とも、すぐに理解して頂くわけにはいきませんでした。

何回かニューヨーク等へ連絡しましたが、原始佛教・初期佛教の経典と南伝大蔵経のチベット訳がないので、理解して頂くには材料が十分ではありませんでした。

その後令和五年にケサン師がダラムサラから日本を訪れることになり、長野市の西方寺に一ヶ月ほど滞在して、絵柄の構成について話し合いました。

ケサン師も見たこともなく、描いたこともない絵であるので、マンダラ絵の基本となるチベット大蔵経に含まれる『無量寿経』『瑜伽論』『成唯識論』『倶舎論』などの経典・論書を読み合わせて、その理解を共有しました。経典等の内容に関しては、ケサン師は、ポタラ宮殿のトップの佛師であった父親から学んでいると共に、各宗派本山の活佛達から依頼されるたび、佛画・佛像の内容・教義を口伝等について聞いていて、さらに日常の生活の中で経典を常に手放さず、読誦しているので、互いに理解が非常に早く、この時は即座に進みました。

南伝大蔵経相応部の経典や漢訳にあってチベット訳にない経典は、関係する部分をチベット語に翻訳して互いに意見を交換しました。今までに例のない構造の絵柄や、宗教体験に由来する絵柄を新しく創造することは、佛師にとっても非常に困難と思われましたが、世界的佛師の才能は、見事にそれらの問題をクリアして、一ヶ月ほどで基本的デッサンの段階に到達しました。


そこで、インドのダラムサラのアトリエへ戻り、デッサンの構図と内容をチベット各宗派の博士や活佛に尋ねて理解を深め、カルマ派等の僧にはこの絵について経典・論書の理解の仕方の教示を受けて、絵の構想の完成度を増したと後に話されました。それからマンダラの構図の細部にわたり纏めて製作にかかり、一年ほどで原画が完成しました。

令和六年四月に再度長野市の西方寺に来寺して彩色と修整に入り、同年七月、ついに釈尊の実際の修行とその結果である六神通を実生活に生かすための「六世間処成就六神通曼陀羅図」が完成しました。

ケサン師には尊敬と感謝の念をもってお礼申し上げます。有り難うございました。

また、本書「六神通の思想と構造」の制作にあたり編集の宮坂勝彦氏、デザインの青木和恵氏、校正の喜安英耀師、出版にあたっては角川文化振興財団の石川一郎氏に大変お世話になりました。深く感謝申し上げます。

ケサン師は以前にも数度西方寺に来寺しており、ダライ・ラマ法王が開眼された、西方寺二尊堂の日本唯一の、古来からのチベット伝統作成方法による塑像の阿弥陀佛と、堂内の八菩薩画像、さらに大作の浄土極楽図を幾年もかけて西方寺で完成させています。その作品の一部を次に紹介いたします。

以前来寺した時もそうでしたが、滞在中ケサン師は、朝早く起きて長時間の読経をしてから、五時頃に善光寺へ参拝に行き、チベット式の右遶三匝を繰り返した後、善光寺背後の雲上殿を巡り参拝して、家に戻って朝食をとり、その時も経典を開いて読誦し、九時から佛画の製作に入り、夕方五時まで没頭するという生活を続け、三ヶ月間で最終調整をして、マンダラ図を完成させました。以下にケサン・ロドェ師の略歴を掲げます。

大仏師
（チェモ）
Kalsang Lodoe Oshoe
ケサン・ロドェ

大佛師 ケサン・ロドェ

一九五四年チベット生まれ。一九五九年ブータンへ亡命。幼い頃から高名なタンカ絵師であり彫刻家だった父より手ほどきを受け、ブータン王国政府芸術最高指導者に任命される。一九八〇年ダラムサラに移住し、ダライ・ラマ法王お抱え佛師としてナムギャル僧院を始め、多くの佛像建立、佛画製作に貢献。近年はヨーロッパやアメリカにたくさんのプロジェクトで招かれ、ニューヨークのチベットハウスの佛像建立、マサチューセッツ・スプリングフィールド博物館のヒマラヤ芸術プロジェクト、ワシントンDCスミソニアン博物館の佛像建立責任者、ニューヨーク州コーネル大学ジョンソン博物館でのタンカ製作、ニューヨーク州イサカ市ナムギャル学堂講師などを歴任。

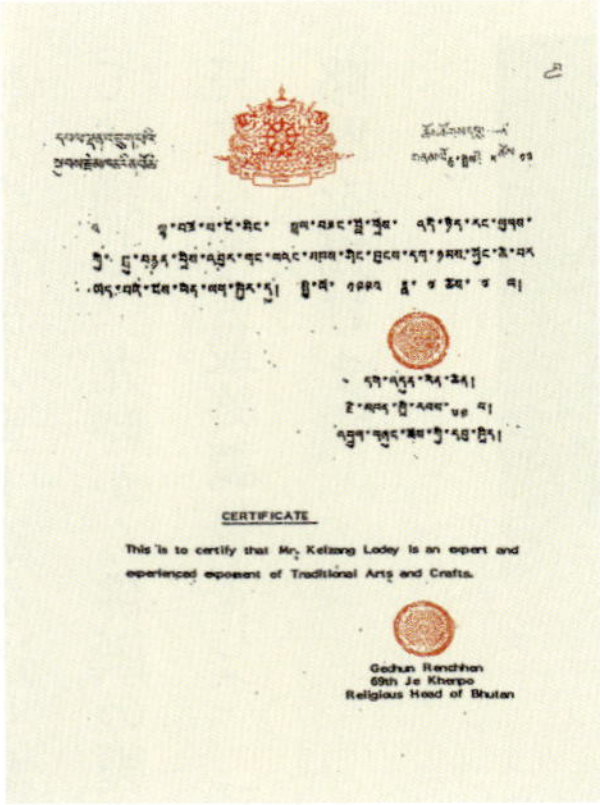
CERTIFICATE

This is to certify that Mr. Kelzang Lodey is an expert and experienced exponent of Traditional Arts and Crafts.

Gedhun Renchhen
69th Je Khenpo
Religious Head of Bhutan

ブータン国中央僧院最高聖職者ジェ・ケンポから贈られた伝統工芸専門家の称号

附録
大仏師ケサン師の仕事と西方寺

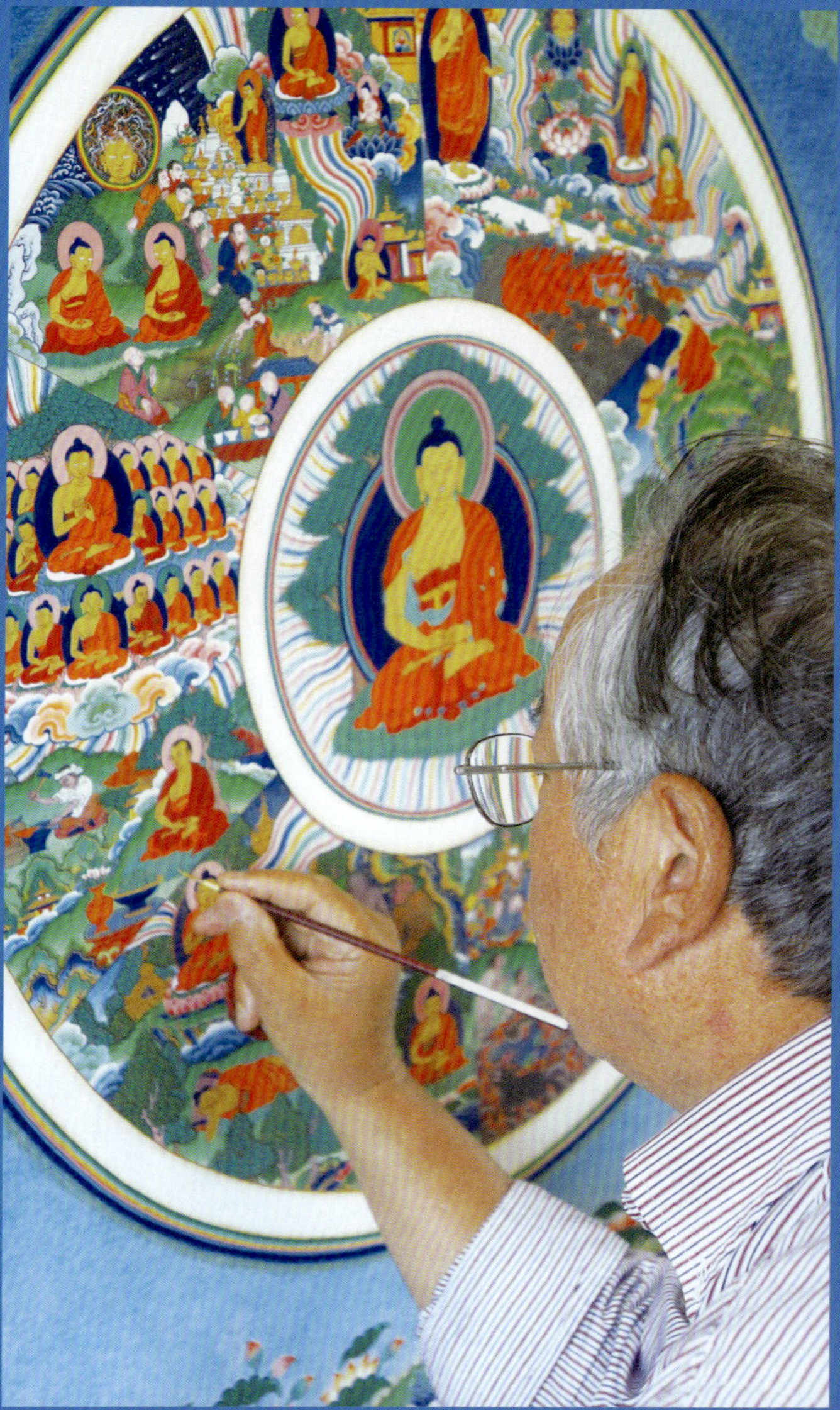

二〇〇九年ダライ・ラマ法王より胎内仏を賜る。二〇一〇年法王自ら胎内にお納めになりました。

阿弥陀仏を前に礼拝されるダライ・ラマ法王。

ダライ・ラマ法王開眼
西方寺二尊極楽堂
「説法印阿弥陀仏」
金泥彩色、伝統工法天然粘土塑像
制作 2009 ～ 2010 年

二尊極楽堂「説法印阿弥陀仏」にまつわる時の流れ

❷

❸

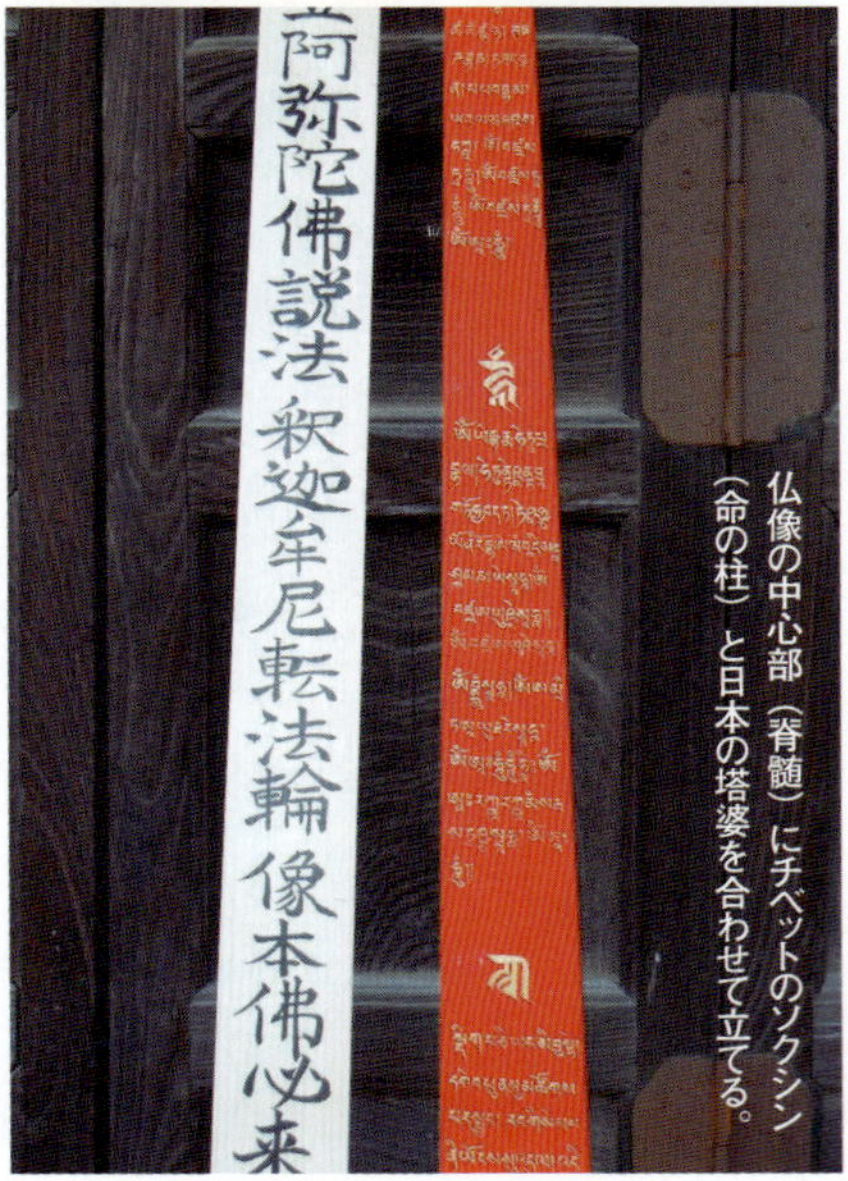

仏像の中心部（脊髄）にチベットのソクシン（命の柱）と日本の塔婆を合わせて立てる。

2009.6.9 大佛師ケサン氏、粘土職人のニンマ氏（チベット人）タンカ絵師ウーゲン氏（チベット人）とともに制作開始。蓮台から着手。木枠は大工の江尻氏（日本）。❶

2009.6.13 蓮台の中に数多くのチベット経典を納める。願文と由来と日本の経典を納める。❷

2009.6.19 仏像の中心部（脊髄）にチベットのソクシン（命の柱）と日本の塔婆を合わせて立てる。❸

2009.7.5 仏像を現在の位置に移送、重さ2トンの仏像をクレーンで吊り上げる。

2009.7.23 光背づくりが始まる。❹

2009.7.29 助手の二人帰国。

2009.8.17 お堂建設開始。❺

2009.8.28 ケサン氏一時帰国。

2009.10.1 ケサン氏後背途中から制作再開。❻

2009.10.17 天井画制作開始、1枚の大パネル（天蓋）と30枚の小パネルを描いてゆく。❼

2009.11.6
ダライ・ラマ法王より胎内仏を賜る。

2009.11.8 仏画師宮坂宥明氏と仏像彩色開始。❽

2009.11.19 金箔貼り開始。❾

2009.12.20 仏像完成、ケサン氏一時帰国。

2010.3.27 ケサン氏制作再開、弟子のティンレイ氏（チベット人）来日。

2010.4.7
弟子のシェラプ氏（チベット人）来日。

2010.4.9 天井画完成。
八大菩薩の壁画制作開始。

2010.5.19
壁画の菩薩へ洒水の儀式。❿

2010.5.26 台座彩色開始。⓫

2010.6.21
ダライ・ラマ法王による開眼法要。

2011.6.5 壁画完成。

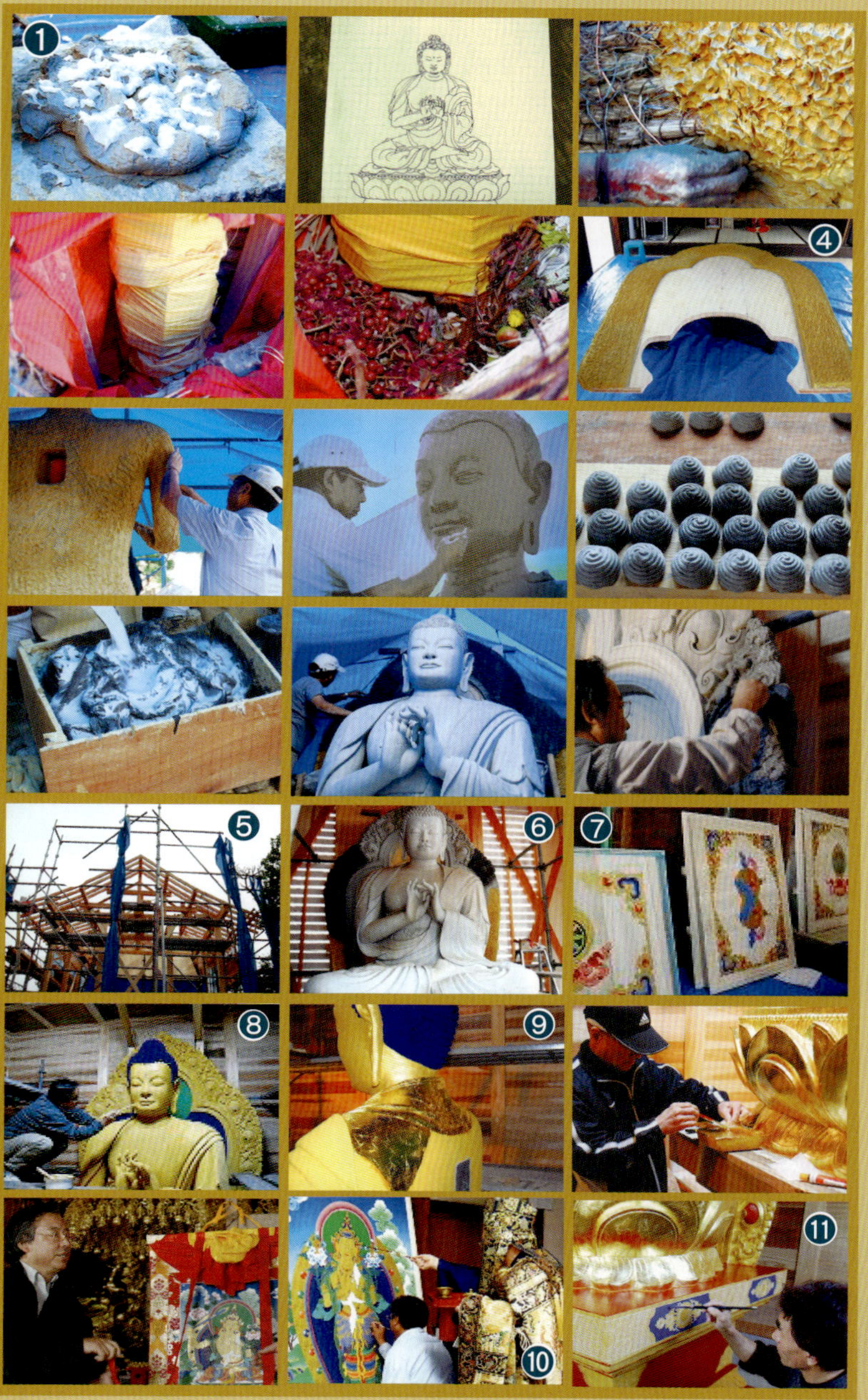
①
④
⑤
⑥
⑦
⑧
⑨
⑩
⑪

西方寺とチベット

多くの縁を受けたチベットへの思いから

西方寺住職は学生の頃チベット人学者に教えを受け、インド・ネパールなどで修行・調査・研究の際、多くの方にお世話になりました。後にチベット学者として大学で教鞭をとり著作も多数抱えるようになり、報恩感謝の気持ちで特にチベット仏教文化と現況を檀信徒の方々に知ってもらうために、一九七三年頃からしばしばチベット人を招き講演会を開催、ダライ・ラマ法王実兄の高名なタクツェ・リンポチェ、サキャ派内ゴル派の管長タルツェ・ケンポを始め多くのチベット僧を西方寺にお招きしました。

説法印の阿弥陀仏

二尊堂阿弥陀仏は説法印を組んで、手振りで相手に何かを説明している仕草を模しています。釈迦仏の転法輪の印相で、釈尊によって悟りが語られたことにより私達もまた悟りへ向かうことが出来る救いを意味します。

西方寺二尊極楽堂
「八菩薩壁画」
（部分）制作 2009 ～ 2011 年

安養山西方寺山門、善光寺門前にあり善光寺大本願の歴代上人の菩提寺でもある。

阿弥陀仏は極楽で説法なされているという「阿弥陀経」経文に基づき、阿弥陀仏の中に釈尊の説法を聴き、悟りの姿を見ることから、釈迦仏の印相（説法印）から阿弥陀仏の救いを感得する一仏二尊の仏像と呼ばれます。チベットには説法印の阿弥陀佛像はありませんが、日本の教えと伝統に従っています。

伝承された「観無量寿経大曼荼羅」

西方寺の寺宝、三百年前に描かれた「観無量寿経大曼荼羅」（観経マンダラ）は長きに渡って人々の心にやすらぎを与えてきました。浄土宗の所依の経典は「無量寿経」「観無量寿経」「阿弥陀経」の三つで、そのうちの「観無量寿経」に記された内容を一枚の絵に表したのが「観無量寿経曼荼羅」です。浄土宗三祖良忠上人はこの観経を、西方寺で人々に講義をしたと伝記に述べられています。この「観無量寿経の曼荼羅」の浄土とチベットの無量寿経に基づく「浄土マンダラ」の構図が同じであるのでチベットとの縁を感じ、チベット人佛師によってチベット様式を取り入れながら「観無量寿経」の立体マンダラが制作されました。

本堂西方背後に旭山の稜線が美しい。参道入口に小林一茶が「散る花や月入る方は西方寺」と詠んだ句碑。

チベット佛師による古来の技法再現

また、この仏像は塑像といわれる様式で制作されています。粘土を素材にして造る方式で、日本では奈良時代に多く造られました。粘土単体では壊れやすいので、和紙や砂、綿を混ぜて強度を出します。藁縄を巻きつけた上に、粒子の荒い荒土から細かい仕上げ土へと、数種類の粘土を使って順次盛り上げてゆき、へらを使って造型してゆきます。重さは二トンにもなります。この重さゆえに火急の際に持ち出せないことからこの技術文化は失われてゆきました。現存する塑像は、法隆寺の金剛力士像や東大寺の日光菩薩・月光菩薩像など大変希少です。

「立体マンダラ」浄土の現前

「仏像の大きさは、大は丈六ないし小は八尺」との経典の言葉通り、八尺（約二メートル四〇センチ）の大きさで造った阿弥陀仏を中心に、上には天井画、周囲には八菩薩の壁画が描かれ、仏前に置かれた一蓮托生の蓮華台を中心に三六〇度に仏の世界が現されています。天井絵には、八吉祥・吉祥八物・五妙欲・四風馬の命増・四宝と八幅輪。壁画の八菩薩は、観音菩薩・勢至菩薩・弥勒菩薩・文殊菩薩・普賢菩薩・除蓋障菩薩・地蔵菩薩・虚空蔵菩薩。観音菩

ダライ・ラマ法王開眼仏と八菩薩画を安置した「二尊極楽堂」。堂内周囲に参拝回廊がある。

薩と勢至菩薩の一部は日本の観無量寿経の伝統に変更して制作されています。製作されたチベット特製の仏前に据えられた蓮台に実際に座すと、悟りの世界が立体マンダラとして現前します。阿弥陀説法像の開眼法要は、平成二十二年六月二十一日に西方寺一山僧侶とダライ・ラマ法王によって行われました。この二尊極楽堂は阿弥陀佛・観音菩薩・勢至菩薩がいらっしゃる極楽浄土をあらわしたマンダラ堂でありますので、開眼法要において、観音菩薩の化身とされるダライ・ラマ法王によって開眼法要が行われましたことは大変ご縁の深いことです。また法要には阿弥陀佛の化身とされるパンチェン・ラマの総本山タシルンポ寺の僧たちも参加されました。

善光寺門前の古刹の法灯から

善光寺に程近い当山、安養山極楽院西方寺は、正治元（一一九九）年、善光寺を訪れた法然上人によって権堂往生院の地に開創されたと云われています。江戸時代の善光寺本堂火災時には本尊を移し善光寺仮本堂としたとの記録もあり、また明治初期には、本堂を長野県庁仮庁舎としたこともありました。善光寺門前町の歴史とともに長野の仏縁を結んできた古刹です。東京・武蔵野市には別院があります。

山門手前右の西方寺随勝院浄心堂。ケサン師によるチベットの浄土曼荼羅「極楽図」を壁画として収めている。この建物は古くから西方寺と一体に維持され、二尊極楽堂建立にあたっては八菩薩壁画制作など、ケサン師の制作アトリエとして使用された。

「極楽図」 令和四年制作・西方寺蔵
仏師：チェモ・ケサン・ロドゥエ
（本文 99・145頁掲載）

著者
金子英一　かねこ・えいいち

1944年、長野市生まれ。チベット学の権威として知られ、東京外国語大学他で非常勤講師として教鞭をとった。チベット仏教関係者との交流も深く、2010年には、同寺二尊極楽堂の説法院阿弥陀仏（チベット大仏）開眼のためダライ・ラマ法王14世を同寺に招いている。著書・共書に『古タントラ全集解題目録』(国書刊行会)、『チベットの都ラサ案内』（平河出版社)、『タンカ展図録』解説（板橋区立美術館)、『ノルサンの冒険』（すずき出版社）など。『パドマサンバヴァのプルパ伝承』、『アティーシャ発掘本「カクマル」について』、『パドマサンバヴァ伝とサムエ寺』、『ケサル叙事詩概説』や、タンカ、チベット紀行、モンゴルの曼陀羅の解説など論文も数多く発表している。

元東京外国語大学非常勤講師
元東洋大学非常勤講師
元大正大学非常勤講師
現在安養山極楽院西方寺住職

安養山極楽院　西方寺
http://www.saihouji-nagano.com/
〒380-0842 長野市西町 1019 電話 026-237-2707

西方寺東京別院
〒180-0011 東京都武蔵野市八幡町3−2−38
電話 0422-52-4871

六神通の思想と構造
六世間処成就六神通曼陀羅図説

初版第一刷発行
2024年11月18日

著　者　金子英一
発行者　石川一郎
発　行　公益財団法人　**角川文化振興財団**
〒359-0023 埼玉県所沢市東所沢和田3-31-3
ところざわサクラタウン 角川武蔵野ミュージアム
電話 050-1742-0634
https://www.kadokawa-zaidan.or.jp/

発　売　株式会社 KADOKAWA
〒102-8177 東京都千代田区富士見2-13-3
電話 0570 -002 -301（ナビダイヤル）
https://www.kadokawa.co.jp/

印刷製本　有限会社サンライズ / ダンク セキ株式会社

ISBN 978-4-04-884631-8　C0015